ES GIBT
EINEN BERG FÜR
JEDES ALTER

ES GIBT EINEN BERG FÜR JEDES ALTER

MIT ILLUSTRATIONEN
VON WOLFGANG SCHÜSSEL

Sämtliche Angaben in diesem Werk erfolgen trotz sorgfältiger
Bearbeitung ohne Gewähr. Eine Haftung der Autoren bzw.
Herausgeber und des Verlages ist ausgeschlossen.

1. Auflage
© 2020 Bergwelten Verlag bei Benevento Publishing Salzburg – München
eine Marke der Red Bull Media House GmbH, Wals bei Salzburg

Alle Rechte vorbehalten, insbesondere das des öffentlichen Vortrags,
der Übertragung durch Rundfunk und Fernsehen sowie der Übersetzung,
auch einzelner Teile. Kein Teil des Werkes darf in irgendeiner Form
(durch Fotografie, Mikrofilm oder andere Verfahren) ohne schriftliche
Genehmigung des Verlages reproduziert oder unter Verwendung
elektronischer Systeme verarbeitet, vervielfältigt oder verbreitet werden.
Gesetzt aus der Palatino, Aptifer Sans und Burford

Medieninhaber, Verleger und Herausgeber:
Red Bull Media House GmbH
Oberst-Lepperdinger-Straße 11–15
5071 Wals bei Salzburg, Österreich

Umschlaggestaltung & Satz: b3K design, Andrea Schneider, diceindustries
Coverillustration: diceindustries unter Verwendung einer Abbildung
von Vertyr / shutterstock
Illustrationen: Wolfgang Schüssel
außer Vorsatz/ Nachsatz: MC Bene
Textauszug S. 54 aus: Jürgen Habermas, Glauben und Wissen.
Rede zum Friedenspreis des Deutschen Buchhandels 2001.
© Suhrkamp Verlag Frankfurt am Main 2001. Alle Rechte bei
und vorbehalten durch Suhrkamp Verlag Berlin.

Printed by Finidr in Czech Republic
ISBN 978-3-7112-0023-5

INHALT

*1930
Sepp Forcher
*Steinige
Philosophie*
11

*1955
Manfred Scheuer
*Äußere und
innere Aufstiege*
45

*1968
Alexander Huber
*Wolfszahn – der
schwierigste Berg
der Antarktis*
31

*1986
Marlies Czerny
*Mein Schritt
mit Folgen*
57

*1975
Andreas Lesti
Der sprechende Berg
15

*1974
Ursula Strauss
Der Berg ruft
67

*1986
Angy Eiter
*Abschalten –
Auftanken*
95

*1981
Katharina
Schneider
*König
Damavand*
77

*2005
Constantin
Tischner
*Unerwartete
Abenteuer*
105

*1952
Gertrude Reinisch-Indrich
Rund um Österreich
135

*1945
Wolfgang Schüssel
*Drama um Kora
und Kailash*
121

*1963
Barbara Stöckl
Diamant
111

*1963
Dirk Rumberg
*Entscheidung
im Leitl*
153

*1970
Klaus Haselböck
*Nächtens am
Sepp-Huber-Steig*
177

*1969
Johanna Doderer
*Abseilachter
und Jausenbox*
185

*1968
Axel Naglich
*Ortler-
Nordwand für
Fortgeschrittene*
163

*1944
Hans Gasperl
Wanderjahre
197

WIDMUNG

Im Gegensatz zu den Bergen selbst hat sich der Zugang zu ihnen im Lauf der Jahrzehnte beträchtlich verändert. Das Erreichen eines Gipfels, die Bezwingung einer Wand lösen schon lange kein Jubelgeschrei mehr aus. Die vielbewunderten Großtaten des Alpinismus haben an Strahlkraft verloren. Heute, so scheint es, dienen die Berge eher als Staffage, als Bühnenbild für uns kleine Menschen mit unseren vermeintlich großen Problemen.

Es gibt einen Berg für jedes Alter. Auf den ersten Blick scheinen hinter diesem Satz vielleicht nicht mehr als tröstende Worte zu stecken. In diesem Buch jedoch tritt eine Gedankenwelt zutage, die ein vollkommen neues Bild des Bergerlebens zeichnet.

Es sind die Selbstportraits von Menschen aller Altersstufen vor dem Hintergrund »ihres« Berges, ihrer Erlebniswelt, ihrer ganz persönlichen STEINIGEN PHILOSOPHIE.

Lesenswert, bereichernd und begeisternd!

Sepp Forcher

FAZ-JOURNALIST UND AUTOR

ANDREAS
LESTI

DER SPRECHENDE BERG

*Ist man mit Mitte 40 noch zu jung für
das Matterhorn? Andreas Lesti hat den Eindruck,
der Berg der Berge rufe ihm genau das zu.*

In den vergangenen 15 Jahren war ich viermal in Zermatt, am Fuße des Matterhorns, und jedes Mal kam ich diesem Berg der Berge ein Stückchen näher. Ich war 30 Jahre alt und in Ehrfurcht erstarrt vor der Nordwand gestanden, den Kopf weit in den Nacken gelegt, um die bedrohlichen Ausmaße überhaupt fassen zu können. Ich dachte mir das, was sie auch vor 200 Jahren gedacht haben müssen: Unmöglich, diesen Zacken zu besteigen! Ich wanderte damals auf dem Pfad ins Zmutt-Tal, kochte mir mithilfe eines Gaskochers auf einem großen Felsen ein Mittagessen und dachte über die Psyche der Wahnsinnigen nach, die dort hinaufsteigen. Und dann vernahm ich, ganz leise, eine Stimme: »Ach komm«, sagte sie, »schau mich doch mal genauer an, so unmöglich bin ich gar nicht. Ich schaue nur so fies aus.« Ich kniff die Augen zusammen und drehte mich um. Doch da war niemand. Waren das erste Anzeichen der Höhenkrankheit? »Sieh dir mal meinen Hörnligrat genauer an«, fuhr die Stimme fort, »komm doch noch ein Stück näher.« Und ihr hypnotischer Klang hallte nach: »… näher, näher, näher …«

Besorgt über meinen Geisteszustand wanderte ich weiter durch das Geröllfeld, hinauf zu den Ausläufern des Grats und stand nach einer Weile ein paar Hundert Meter unterhalb der Hörnlihütte. Von hier aus sah ich die Ostwand zum ersten Mal aus nächster Nähe und den Verlauf des Hörnligrats, der populärsten Besteigungsroute, die auf einer klar erkennbaren Linie bis zum Gipfel verläuft und die dunkle Nordwand von der hellen Ostwand trennt. Von hier aus sah die Besteigung wirklich nicht unmöglich aus. »Na?«, fragte das Matterhorn noch, und dann vernahm ich nur noch den schneidenden Wind. Was wollte es mir damit sagen?

Das Matterhorn ist alles andere als ein gewöhnlicher Berg. Selbst wenn man es schon auf Hunderten von Postkarten, Fotos, Bildern und Werbeschildern gesehen hat, ist man tief beeindruckt, wenn man es in echt sieht. Wie nah man dieser 4478 Meter hohen Felspyramide schon in Zermatt kommt, wie sie den Ort bedrängt, das Dorf überragt und bestimmt, wie sie sich von allen anderen Gipfeln rundherum abhebt und dabei formvollendet die Wolken aufspießt. Es gibt zwar noch sechs höhere Gipfel in den Alpen, aber keiner erhebt sich so prominent und dominant über die anderen. Täglich kommen Zigtausende Touristen nach Zermatt und fahren mit den Bergbahnen auf den Gornergrat oder das Kleinmatterhorn – nur um dieses Schweizer Wahrzeichen einmal im Leben zu sehen.

Auch im Ort ist der Berg omnipräsent: In der Bahnhofstraße, dieser Mischung aus alten Holzhäusern, leer stehenden Zweckbauten, geschmacklosen Hotelbunkern aus den Siebzigerjahren, alten Grandhotels, Apotheken, Bäckereien, Sport- und protzigen Uhren- und Immobiliengeschäften, sieht man ihn von überall aus. Und wenn man das Matterhorn in einem der 100 Restaurants, 50 Bars, 110 Hotels und 1200 Ferienwohnungen einmal kurz aus den Augen verlieren sollte, dann kann man sich sicher sein, dass das nächste Werbebild nicht weit weg ist. Es prangt auf den durch die Gassen surrenden Elektroautos, auf den Speisekarten und in den Auslagen der Souvenirshops. Das Matterhorn muss als Werbeträger für Schokolade, Wasser, Uhren und Kondome herhalten. Egal wo man ist und hinschaut, irgendwo ist immer, wirklich immer, ein Abbild des Berges zu sehen. Als hätte der Berg eine Klon-Armee von sich selbst erschaffen, die mich bis in die letzten Winkel Zermatts verfolgte und mir die Botschaft des Berges hinterhertrugen:

... NÄHER, NÄHER, NÄHER ...

Es vergingen sieben Jahre, und das Matterhorn und seine Stimme verschwanden aus meinem Kopf. Dann führte mich die Recherche zu meinem Buch *Oben ist besser als unten* wieder nach Zermatt. Es geht darin um die Geschichten rund um den Berg, die dramatische Erstbesteigung, die Literatur über den Berg und die Menschen, die in seinen Bann geraten sind. Und so hörte ich zum ersten Mal, was die Zermatter selbst über ihren Berg sagen. »Der Herrgott war ein kluger Mann. Er hat das Matterhorn so frei dorthin gestellt und die schöne Seite nach Zermatt gedreht«, erzählte mir der Museumsleiter. Seine erste Handlung an jedem Tag sei, den Vorhang in seinem Wohnzimmer zur Seite zu ziehen und das Matterhorn zu fragen: »Na, wie siehst du heute aus?« In den vergangenen 52 Jahren habe es jeden Tag anders ausgesehen. Das Matterhorn, das wurde mir nun klar, ist hier mehr ein mythisches Wesen als ein lebloser Berg. Es ist eine magische Energiequelle, die für viele auf etwas Höheres verweist, ein Pfeil in den Himmel. »Ohne das Matterhorn wären wir gar nichts«, erzählte die Betreiberin eines Fondue-Restaurants. »Ich bin durch die ganze Welt gereist und habe festgestellt: Das Matterhorn kennt jeder, aber Zermatt kein Mensch.« Ein Hotelier sagte in bester Erhabenheitsmanier des 19. Jahrhunderts: »Es sieht so schön aus, so gefährlich und unbesteigbar. Gerade von Zermatt aus wirkt die schwarze Nordwand so bedrohlich und zieht uns in ihren Bann.« Eine Mitarbeiterin des Tourismusbüros, die seit Jahren darüber nachgedacht hatte, den Berg zu besteigen, wusste: »Es ist ein sehr psychologischer Berg – vor allem im Abstieg, weil du dann den gähnenden Abgrund immer vor dir hast.« Sie war noch nie höher als auf der Hörnlihütte gewesen, aber der Berg sprach offenbar auch zu ihr. Und der Museumsleiter erzählte schließlich noch: »Das Matterhorn wollte nicht, dass ich hochsteige. Dreimal habe ich mich vorbereitet. Dreimal habe ich mich verletzt.« Und mit 73 Jahren sei er nun doch etwas zu alt dafür. Ich war beruhigt. Die meisten Zermatter unterstellten dem Berg einen Willen und hörten seine Stimme. Ich war also weder allein noch verrückt, als ich die Stimme des Berges

wieder vernahm:
»Da bist du ja wieder.«
»Ja.«
»Und?«
»Hm. Weiß nicht, Lust hätte ich schon.«
»Alle Lust will Ewigkeit«, sagte es grollend. Und: »Bist du bereit? Du musst einen Steinbock im vollen Galopp aus der Bahn werfen können.« Der psychische Zustand des Matterhorns machte mir Sorgen. Aber es hatte recht: Ich war nicht bereit. Und das lag auch an der dramatischen Geschichte der Erstbesteigung, mit der ich mich damals beschäftigte und die bis heute einen Teil des Mythos »Matterhorn« ausmacht. Und die ist, gelinde gesagt, ein ziemlicher Downer.

Man schrieb den 13. Juli 1865. Sieben, zum Teil ziemlich junge Männer brachen morgens um halb sechs in Zermatt auf: Edward Whymper (25), Lord Francis Douglas (18), Robert Hadow (19) und Charles Hudson (37), die beiden erfahrenen Bergführer Michel Croz (35) und Peter Taugwalder (45) sowie dessen Sohn David (23). Das Matterhorn war damals einer der letzten noch unbestiegenen Gipfel der Alpen, und zwei Seilschaften waren zum Gipfel unterwegs. Ein Wettlauf. Der Brite Edward Whymper versuchte es von Zermatt aus, ein Team rund um den Italiener Jean-Antoine Carrell von Italien aus. Whymper und Co. kamen gut voran, schliefen eine Nacht im Zelt und hatten am nächsten Tag um zehn Uhr eine Höhe von 4260 Metern erreicht. Sie mussten nun die Ostseite verlassen, da sich die Felswände im oberen Verlauf wie Hochhäuser auftürmten, und stiegen in die Nordseite ein. Ein verwegenes Manöver, doch am Ende war der Aufstieg auf den »unbesteigbaren Berg« sogar überraschend einfach. »Dieser einzig schwierige Teil war von keiner großen Ausdehnung«, schrieb Whymper in dem Buch *Scrambles Amongst The Alps* (dt.: *Matterhorn. Der lange Weg zum Gipfel*). »Um Viertel vor zwei lag die Welt zu unseren Füßen und das Matterhorn war besiegt. Hurra! Nicht ein Fußstapfen unserer italienischen Nebenbuhler war zu sehen.« Die »Nebenbuhler« waren bereits am 11. Juli von Süden aus aufgebrochen. Als Whymper und seine Leute vom Gipfel aus auf den südwestlichen Grat blickten, erkannten sie die Italiener und riefen lauthals spöttisch hinunter. Der Ausspruch »Der Berg ruft« war geboren und wurde später im Luis-Trenker-Film verewigt. Seitdem ist das Matterhorn in der Lage zu rufen, zu sprechen, zu lachen, zu singen, zu mahnen und zu weinen.

Whymper und seine Mannschaft machten sich nach der Erstbesteigung auf den Weg nach unten. Vorsichtig und aneinander angeseilt stiegen sie Schritt für Schritt ab. Whymper ging hinten und bekam nicht genau mit, was vorne passierte. »Ich hörte von Croz einen Ausruf des Schreckens und sah ihn und Hadow abwärts fliegen. Im nächsten Moment wurden Hudson und unmittelbar darauf auch Lord Douglas die Füße unter dem Leib weggerissen.« Dann riss zwischen Taugwalder vor ihm und Lord Douglas das Seil. »Einige Sekunden lang sahen wir unsere unglücklichen Gefährten auf den Rücken

MATTERHORN, 4478 M

niedergleiten und mit ausgestreckten Händen nach Halt suchen. Noch unverletzt kamen sie uns aus dem Gesicht, verschwanden einer nach dem anderen und stürzten von Felswand zu Felswand auf den Matterhorngletscher, in eine Tiefe von beinahe 1200 Metern hinunter.« Die Nachricht der Tragödie ging um die Welt und zugleich – so sind die Menschen nun mal – schoss das Interesse am Matterhorn und Zermatt in ungeahnte Höhen.

Whymper stieg am Tag nach dem Unglück auf den Gletscher, um die Leichen seiner Kameraden zu bergen. Was er damals sah, beschrieb er erst im Alter von 71 Jahren in einem Brief an einen Hotelier: »Es hatte ihm [Groz] den oberen Teil des Schädels abgerissen. Wie die anderen Mitglieder der Gruppe war er gänzlich nackt. Ihre Bergschuhe und all ihre Kleider waren weggerissen worden. Es war ein schreckliches Schauspiel, Herr Tairraz, und ich möchte niemals wieder dergleichen ansehen müssen.« Whympers Buch endet mit einer Warnung: »Ersteigt die Hochalpen, wenn ihr wollt, aber vergesst nie, dass Mut und Kraft ohne Klugheit nichts sind und dass eine augenblickliche Nachlässigkeit das Glück eines ganzen Lebens zerstören kann. Übereilt euch nie, achtet genau auf jeden Schritt und bedenkt am Anfang, wie das Ende sein kann!« War diese Warnung an mich gerichtet? »Douglas und Hadow waren einfach zu jung für mich«, sagte das Matterhorn von oben herab, als ich unterhalb des Theodulpasses entlangwanderte, »aber da kann ich doch nichts dafür.« »Bin ich denn auch noch zu jung?«, fragte ich, und dann donnerten einige Steine lautstark durch die Ostwand. »Das Glück ist eine Allegorie, das Unglück eine Geschichte«, sagte das Matterhorn weise. »Was genau meinst du?«, fragte ich. »Auf einem mit Rubinen, Azur und Gold geschmückten Wagen«, entgegnete es mir, »fährt Apoll und wirft sein gleißendes Licht.« »Du bist verrückt geworden«, sagte ich erschrocken, und es antwortete mit der überschnappenden Stimme Klaus Maria Brandauers: »Ja! Das wäre möglich!« Ich gab es auf.

Und so vergingen wieder ein paar Jahre, ehe der Berg mich wieder rief. Diesmal zog mich der Berg zum ersten Mal zur Hörnlihütte auf 3260 Meter hinauf, auf einem zum Teil schon ziemlich ausgesetzten Pfad, der sich hinter dem Schwarzsee nach oben windet, und der doch für die Bergsteiger nur ein Spaziergang ist, der sie zum eigentlichen Ausgangspunkt ihres Vorhabens bringt. Und erstmals befasste ich mich konkret mit der Frage, wie es abläuft, wenn man das Matterhorn wirklich besteigen will, wie fit man sein muss, was man können muss, wie schwer es tatsächlich ist. Der Chef des Bergführerbüros in Zermatt erzählte mir, dass man von der Hütte aus mit einem Bergführer vier Stunden nach oben braucht, und dann vier Stunden wieder runter. »Es gibt keinen Berg auf der Welt, der im Aufstieg genau so lange dauert wie im Abstieg«, erklärte er, erzählte beiläufig, dass die meisten Kunden männlich und zwischen 40 und 50 Jahre alt seien. Dann stellte er mir einige Fragen: »Warst du bereits auf vielen Viertausendern? Bist du regelmäßig in den

Bergen unterwegs? Bist du fit, hast alpine Felsklettererfahrung und bist am Felsen und am Eis auch mit Steigeisen sehr geübt? Bist du gut akklimatisiert, weil deine letzte Hochtour nicht weit zurückliegt?«

Ich war bisher auf einem einzigen Viertausender gewesen, aber das liegt schon ein paar Jahre zurück. Meine Klettergrenzen habe ich am Jubiläumsgrat auf der Zugspitze kennengelernt, immerhin im dritten Schwierigkeitsgrad. Akklimatisiert war ich nicht. Dass ich mir dann noch die Anforderungen ansah, die die Bergführerorganisation »Zermatters« auf ihrer Homepage formuliert, machte es nicht besser: »Gute Akklimatisation und gute physische Fitness erreichst du am besten durch intensives Training in der Umgebung von Zermatt (täglich 1000 bis 1500 Meter Höhendifferenz im Aufstieg mit einer Stundenleistung von 650 Höhenmetern).« 650 Meter – das ist genau die Differenz von Zermatt nach Sunnegga, dem Ausflugsziel unterhalb des Rothorns. Das wollte ich doch mal ausprobieren. Es klappte, ich war in etwas weniger als einer Stunde oben und dachte mir voller Hybris: »Pah, geht doch.« Und dann tippte mir das Matterhorn auf die Schulter, ich drehte mich zu ihm um, und es sagte: »Wirklich?«

Ich wollte eine Nacht dort oben verbringen, würde am nächsten Morgen mit den Bergsteigern aufstehen und vielleicht – der Gedanke begleitete mich Schritt für Schritt – durch einen Wink des Schicksals hinaufsteigen (obwohl ich das nicht geplant und keinen Bergführer gebucht hatte). Den Hörnligrat stets im Blick, bereitete mir schon allein der

Gedanke schweißnasse Hände. Noch nie zuvor hatte ich den Ruf des Berges so klar vernommen. Auf der Hütte war viel los und die Terrasse füllte sich immer mehr. Von unten kamen Wanderer herauf und von oben Bergsteiger zurück. Da saßen sie nun, aßen Spaghetti Bolognese und tranken selbst gemachten Eistee, verschwitzt, erschöpft, noch voller Adrenalin und Endorphin. Italiener, Franzosen, Briten, Schweizer und Deutsche, mit Schweißrändern, zusammengekniffenen Augen und Helmabdrücken auf den Köpfen, schauten hinauf zum Gipfel und konnten kaum glauben, dass sie dort oben gewesen waren. Später erzählten die Hüttenwirte noch ein paar Geschichten: von einem Hochzeitsantrag auf der Terrasse, von einem Opa, der mit seinem zehnjährigen Enkel aufs Matterhorn gestiegen war und einem 16-jährigen autistischen Österreicher, der es, allein und ohne Seil, zum Gipfel geschafft hatte, von einer Frau, die mit einem Rollkoffer über den steilen Wanderweg heraufgekommen war und einem Mann, dessen Bruder vor ein paar Jahren am Berg gestorben ist.

Beim Abendessen in dem schicken neuen Glas-Holz-Anbau saß mir ein italienischer Bergführer gegenüber. »Der Berg ist zwar technisch leicht«, sagte er, »aber du musst die ganze Zeit fokussiert bleiben. Er ist nicht steil genug, um abzuseilen, das heißt, du musst abklettern und darfst dir keinen Fehler mit deinen Füßen erlauben.« Draußen war es dunkel geworden, und in der Dunkelheit sah ich einige Lichter flackern. Es waren also noch Bergsteiger unterwegs und tatsächlich kamen die letzten erst um 23 Uhr wieder in der Hütte an – sie waren 18 Stunden unterwegs. Ein Schweizer Führer schaute mich an und schien meine Gedanken lesen zu können. Er sagte: »Wenn einer das Matterhorn will, dann muss er es wollen! Es ist ein schwarzer Berg, so wie eine schwarze Piste. Das kannst du nicht machen, wenn du so etwas nie zuvor gemacht hast.« Ich musste mir eingestehen, dass ich vermutlich für eine rote Piste bereit war, nicht aber für eine schwarze. Doch die Gesellschaft, die sich morgen aufmachen würde, das Matterhorn zu besteigen, machte mir Mut. Es waren, wie angekündigt, überwiegend Männer zwischen 40 und 50 Jahre alt, sowohl die Kunden als auch die Bergführer. Ich war 44, lehnte mich entspannt zurück. »Siehst du«, sagte das Matterhorn, das offenbar wieder zur Vernunft gekommen war, kurz bevor ich einschlief, »deine Zeit kommt erst noch.«

Am nächsten Morgen um kurz vor fünf ging es los. Mit Funktionsjacken, Stirnlampen und Rucksäcken mit festgezurrten Steigeisen und Eispickeln trat einer nach dem anderen hinaus in die Nacht. Fünf Grad, leichter Wind, sternenklarer Himmel, milchiges Mondlicht. Gute Bedingungen. Wie eine Glühwürmchen-Kolonne gingen sie das kurze Stück hinüber zum Einstieg, eine 30 Meter hohe Felswand, durch die ein dickes Fixseil führt. Vor ihnen zeichnete sich das riesige schwarze Dreieck des Berges ab. Der Mond strahlte irgendwo dahinter und es sah aus, als glimme der Berg selbst. Ich beobachtete, wie ein Bergführer nach dem anderen seinen Gast ans Seil nahm, und war so nervös, als wäre ich einer von ihnen. Karabiner klackerten, Seile scheuerten über den Felsen, und die Bergführer murmelten ihren stummen Kunden letzte Tipps zu. Einer von ihnen, ein Österreicher, stand im T-Shirt da. Und so verschwand eine Seilschaft nach der nächsten in der dunklen Wand. Und ich war, zugegeben, heilfroh, dass ich nicht mit hinaufmusste.

»Weißt du, du musst mir gut vorbereitet und mit Würde gegenübertreten«, sagte das Matterhorn, als ich wieder allein war.

»Ja, du hast recht«, antwortete ich.

»Es stimmt wirklich«, sagte das Matterhorn, »man muss mich von ganzem Herzen wollen.«

»Du weißt schon, dass ich wiederkomme.«

»Kein Problem, ich bin hier. Und wenn dir die Zuversicht ausgeht, erfinde sie.«

Und so ging ich wieder hinunter zur Hütte, mit dem Glücksgefühl eines Menschen, der das Richtige getan hat. Ich trank in der Hütte einen Kaffee und beobachtete die Stirnlampen, die sich langsam am Grat nach oben bewegten. »Nächstes Jahr«, sagte ich, »vielleicht nächstes Jahr.« Und das Matterhorn, das konnte ich ganz deutlich sehen, nickte.

EXTREM-KLETTERER
UND PROFI-BERGSTEIGER

ALEXANDER HUBER

WOLFSZAHN – DER SCHWIERIGSTE BERG DER ANTARKTIS

Mitte der 1990er-Jahre war ich auf einer Vortragsreise in England unterwegs, und an einem denkwürdigen Abend ergab es sich, dass ich nach meiner Präsentation auch noch die Bilder und Erzählungen eines anderen Bergsteigers erleben durfte. Ein besonderer Vortrag über besondere Berge! Ivar Tollefsen zeigte Bilder von Bergen, die man so auf dieser Welt noch nicht gesehen hat, und erzählte von seinen Tagen auf dem schwierigsten Berg der Antarktis: dem Ulvetanna. »Wolfszahn« bedeutet das in unserer Sprache. Kein Achttausender, aber eine senkrechte Rakete in der horizontalen Eiswüste, so freistehend und isoliert in ihrer Gestalt wie sonst kein anderer Berg dieser Welt. 13 Jahre sind seither vergangen. 13 Jahre lang musste der Traum reifen, bis wir ihn leben konnten. Jetzt, mit knapp 40 Jahren, ist die Zeit dafür gekommen.

Schweres Klettern in großer Kälte ist auf den Bergen der Antarktis gefordert, und Kälte ist es wohl, an das als Erstes gedacht wird, wenn von Antarktis die Rede ist. Und ja, dieser Kontinent ist der Inbegriff von Kälte. Nirgendwo sonst auf unserer Erde sind die Temperaturen derart niedrig. Als Kältepol gilt die sowjetische Wostok-Station im zentralen Polarplateau der Ostantarktis, wo am 21. Juli 1983 die tiefste, jemals in freier Natur gemessene Temperatur von minus 89,2 Grad Celsius gemessen wurde. Als kontinentales Jahresmittel werden für die Antarktis »nur« minus 55 Grad errechnet, denn die Monatsmitteltemperaturen variieren natürlich aufgrund der verschiedenen Tageslängen stark. Am Südpol selbst dauern die Polarnacht und der Polartag jeweils fast ein halbes Jahr, und dadurch schwanken die Mitteltemperaturen auf dem Polarplateau zwischen minus 40 und minus 68 Grad Celsius. Grund für die extremen Temperaturen ist die besondere Eigenart der Schnee- und Eisoberfläche, die eingestrahlte Sonnenenergie erst gar nicht aufzunehmen, sondern wie ein Spiegel fast vollständig wieder zurück ins All zu reflektieren. Verstärkend kommt hinzu, dass die Antarktis mit einem Durchschnitt von 1800 Metern über dem Meeresspiegel auch der Kontinent mit der durchschnittlich größten Höhe ist, was zusammen mit der in Polnähe nur acht Kilometer dicken Troposphäre die Temperaturen noch tiefer sinken lässt und den Südkontinent im Vergleich zur nördlichen Polkappe um ganze 30 Grad kälter macht.

Ein weiteres Extrem bilden die Stürme. Schon im Südpolarmeer toben das ganze Jahr hindurch heftigste Stürme, ohne Unterbrechung jagt eine nicht abreißende Kette an Tiefdruckwirbeln um die Küsten des Kontinents. Auch auf dem Inlandeis lässt das Fehlen jeglicher Vegetation und eines ausgeprägten Reliefs die Stürme mit ungebrochener Kraft wüten. Als geografische Besonderheit finden sich hier die katabatischen Winde, die entstehen, wenn die Luft über der Eisfläche des zentralen Hochplateaus abkühlt und damit schwerer wird als die tiefer gelegene und wärmere Luft der Küstenregionen. Unter Einwirkung der Gravitation beginnen diese kalten Luftmassen schließlich, als Fallwinde vom Zentralplateau zu den Küsten hin abzufließen. Die katabatischen Winde der Antarktis sind mit bisher gemessenen 327 Kilometern pro Stunde die weltweit stärksten Winde. Erst mit Erreichen der Küsten schwächen diese Winde ab, beginnen sich mit der wärmeren Luft des Südpolarmeeres zu vermischen und generieren damit wiederum die Tiefdruckwirbel, die den Kontinent wie ein Gürtel umspannen.

Dieses System erzeugt die stabile Wettersituation, die letztendlich das Klima der Antarktis ausmacht. Das zentrale Kältehoch prägt auch das Bild, das wir von der Antarktis haben. Klare Luft und endlose Weite über einem strahlend weißen Meer aus Schnee und Eis. Und so kommt es im Zentrum des Kontinentes nicht zu den klassischen Niederschlägen, wie wir sie durch die Tiefdruckgebiete zum Beispiel in Europa erhalten, sondern zu einer durch die von der langsamen Abkühlung der Luftmassen auskondensierenden Feuchtigkeit. Viel ist das nicht, in großen Teilen der Antarktis beträgt der Jahresdurchschnitt nur etwas über 40 Liter pro Quadratmeter. Per niederschlagsorientierter Definition ist also fast der gesamte Kontinent eine Wüste – und zwar die größte der Welt!

Und mitten in dieser Wüste steht dieser Ulvetanna, der Wolfszahn, der nicht nur ein wunderschöner Berg mit bestechender Symmetrie ist, sondern auch der schwierigste Berg der Antarktis. Es gibt keinen Punkt, der in der Antarktis schwieriger zu erreichen wäre als die Spitze dieser Kathedrale. Ein perfekter Kletterberg, kein erkennbarer Schwachpunkt, der einen leichten Weg zum Gipfel erlauben würde. Nach den Norwegern versuchen wir als Zweite, einen neuen Weg zum Gipfel zu finden und suchen dafür eine Ideallinie: einen langen, stetig steiler werdenden Grat, dessen Form nach oben hin einen gewaltigen Pfeiler bildet.

Wir sind zu viert. Mein Bruder Thomas, der Schweizer Stephan Siegrist, der Kameramann Max Reichel und ich. Wir sind hoch motiviert, doch das Wetter macht es uns nicht leicht. Nach der Prognose erwartet uns ein Sammelsurium aus Nebel, Wolken, Wind, vielleicht auch mal kurz Windstille, ein wenig Sonne und Schneefall – nur regnen wird es hier nicht. Ist unter diesen vorhergesagten Umständen eine Besteigung des Ulvetanna möglich? Es gibt kein eindeutiges Ja, kein klares Nein auf diese Frage – wie so oft im Leben. Einzig sicher ist, dass wir es nur dann schaffen können, wenn wir es zumindest versuchen. Und irgendwie hat die unklare Situation auch etwas Gutes: Es macht das Ganze spannend!

Nach diesem ganzen Hin und Her unterwegs zu sein, ist fast wie eine Erlösung – nach tagelangem Stillstand bewegt sich endlich wieder etwas. Thomas startet bereits um fünf Uhr los, und zwei Stunden später ziehen auch Max, Steph und ich unsere schweren Schlitten in der Spur von Thomas, die wie eine Schlangenlinie durch die windgepressten

Schneeflächen in Richtung Ulvetanna zeigt. Langsam schiebt sich unsere kleine Kolonne auf die acht Kilometer entfernte Kathedrale zu. Während unserer Besichtigungstour rund um die gesamte Gebirgsgruppe haben wir den Nordwestpfeiler als mögliche Linie zum Gipfel visuell erkundet und beschlossen, es so zu versuchen. Weit vorne sehen wir Thomas als winzigen schwarzen Punkt, der sich langsam, aber stetig über die unteren Schneefelder hinaufarbeitet. Er wird heute nicht nur einmal, so wie wir, sondern zweimal mit einem schweren Rucksack über die Schneefelder zum Lager aufsteigen. Die Arbeitsteilung des Tages lautet: Steph und ich werden möglichst weit hinaufklettern und Seile fixieren, während Thomas unser Portaledge-Lager am Ende der Schneefelder errichtet.

Nach zwei Stunden Schlittenziehen sind wir da. Ski abschnallen, Steigeisen an, alles umpacken und in Rucksäcke verstauen und los. Es ist nicht ganz ohne, bis in die Scharte liegt tiefer Neuschnee – und eine ebenso tiefe Spur, die Thomas gezogen hat. In Gedanken bin ich bereits ganz oben am Berg, während wir uns langsam mit den schweren Lasten diese endlosen, bis zu 50 Grad steilen Schnee- und Eisfelder hinaufschinden. Noch ist das Wetter ganz passabel. Da hat Gabl Charly wohl wieder mal recht gehabt! Irgendwo auf halber Strecke kommt uns Thomas auf dem Weg nach unten schon wieder entgegen. Am frühen Nachmittag sind wir am Fuß der Felsen angelangt, exakt dort, wo Thomas das Lager aufbauen wird. Der ganze Neuschnee klebt, fast wie in Patagonien, an der annähernd senkrechten Wand. »Schaut ned guad aus«, denke ich und versuche mein Glück zuerst mal über den markanten, frei stehenden Pfeiler, der die Nordwand von der Westwand trennt. Alles ist voller Schnee und Eis, jeder einzelne Griff und Tritt muss freigeräumt werden, zudem ist es saukalt. Nach 30 Metern stehe ich auf dem Pfeilerkopf und sondiere die Lage. Links von mir ragt die atemberaubend steile Nordwand empor, die eigentlich die bessere Variante wäre, weil sie zumindest ein wenig Sonne abbekommt und vor allem im Windschatten liegt. Da geht aber nichts – zu glatt, zu steil.

Also geht es rechts vom Turm wieder runter. Ein kurzer Abseiler und schon stehe ich vor dem nächsten Hindernis: monolithischer Granit, steil, kompakt, plattig und, so wie es aussieht, nicht absicherbar. In den ersten Metern finde ich noch kleine Strukturen zum Steigen, dann stehe ich mitten in der verschneiten Platte und weiß: »Da muass i rauf!« Mit meinen schweren Bergschuhen steige ich auf kleine Noppen, kralle kleine Leisten. Dass auf dem Pfeilerkopf zehn Meter unter mir die letzte Sicherung ist, macht mir klar: »Wenn's mich da runterhaut, dann Krankenhaus – wenn es denn hier eines geben würde.« Mit Bohrhaken als Zwischensicherung wäre es kein Problem, aber genau das wollen wir bei dieser Route um alles in der Welt vermeiden. Also lieber sauber bleiben und durchziehen! Alpines Klettern auf höchstem Niveau, und ja: Dieser Berg ist sogar noch einmal schwieriger als Torre Egger, Cerro Torre, Fitz Roy oder all die anderen schwierigen Gipfel Patagoniens.

Zwei Stunden später erreichen Steph und ich dann einen großen Absatz direkt an der Kante zwischen Nord- und Westwand, jetzt gibt es die Möglichkeit, nach links hinaus in die Nordwand zu queren. Endlich raus aus dem Wind, leider auch in den Schatten hinein, denn die Sonne ist jetzt am späten Nachmittag schon ums Eck verschwunden. Kurz darauf beginnt es zu schneien. Nach einer weiteren Länge erreiche ich einen riesigen ebenen Platz – zehn Quadratmeter mindestens – mitten in der massiven Nordwand des Ulvetanna. »Da ist ein Fußballplatz!«, schreie ich Steph zu! Direkt über uns setzt jetzt die *Headwall* an, eine stark überhängende Mauer. Schon bei der Umrundung der Orvinfjella hatten wir gesehen, dass genau durch die Mitte der Wand ein verdächtiger, feiner Schatten zieht. Ein überhängender Wahnsinnsriss, rund Hundert Meter lang, der bis hinauf zur Gratkante verläuft. Ein Riss wie in der Salathé-*Headwall* am El Capitan!

Es windet, es schneit. Max wirft das Handtuch und seilt ab, weil seine Kamera unter diesen Bedingungen immer wieder den Geist aufgibt. Ich klettere noch weiter, rein in den Riss. Das wäre der Hammer zum Freiklettern, bester Fels, zehnter Grad, aber einfach zu kalt! Nun müssen die Leitern herhalten. Eine Seillänge noch, dann übernimmt Steph die Führung und kämpft sich noch eine weitere Seillänge hinauf, bevor es dann endgültig zu kalt wird. Es schneit immer stärker. Wir fixieren die Seile und kehren dann in das von Thomas perfekt aufgebaute Lager zurück. Wir seilen direkt in die Portaledges hinein, wo uns bereits eine heiß dampfende Suppe erwartet. Luxus! Prompt hört es auf zu schneien und reißt auf. Endlich Wärme, Essen, Trinken, um 21 Uhr liegen wir in den Kojen. Laut Wetterbericht soll es bis zum nächsten Nachmittag nun so bleiben. Darauf hoffen wir, denn morgen ist der Gipfel dran. Wir schlafen alle gut. Thomas und ich im unteren Ledge, Steph und Max im oberen.

Um sieben Uhr früh, es ist der 10. Dezember 2008, blicke ich aus dem Ledge und bin von den Socken: Die Sonne steht bereits voll in der Nordwand. Blitzschnell werde ich wach. Genau genommen haben wir schon eine Stunde verschenkt. Wir müssen los. Eigentlich wollten Thomas und Steph heute vorausgehen. Thomas und ich sind aber schneller startklar. Wir wollen keine wertvolle Zeit verlieren, und so gehe ich gleich mit Thomas mit. Wir steigen den Seilen entlang hinauf, zuerst noch im Schatten der Westwand, dann endlich in der Sonne, die die Nordwand wärmt. Überhängend fährt der feine Riss in den antarktischen Himmel hinein. Ich hänge im Schlingenstand, Thomas in den Leitern, alles ist *safe*, super Keile, kein Problem. Nach 20 Metern noch ein Kamin. Endlich freiklettern, es geht schneller! Zehn Meter schieben und quetschen, dann ist Thomas auch schon oben. Die *Headwall* liegt hinter uns und auch der weitere Weg, der darauf folgt, sieht gut zu bewältigen aus.

Wir stehen jetzt genau an der Gratkante, bekommen einen atemberaubenden Tiefblick in die verschneite Westwand. Wir sind begeistert. Leicht und undramatisch geht es vorerst weiter. Wir rauschen die nächsten Seillängen nur so hinauf, sodass Steph und Max ordentlich zu schaffen haben, mit den Jumars an den fixierten Seilen hinterherzukommen, sie dann aufzunehmen und wieder nach oben zu bringen. Mit diesem Durchlauf unserer drei Seile schaffen wir es, uns als Viererseilschaft mit nur einem Vorsteiger regelrecht hinaufzuschrauben. Zum Glück hält das Wetter so einigermaßen. Mal fällt ein kleiner Schneeschauer, meist sind wir in Wolken gehüllt, dann weht wieder ein wenig Wind, aber es ist nicht exorbitant kalt und damit erträglich. Es folgt ein Kamin – schweres Pflaster, aber Thomas beißt sich durch. Es folgen neue Barrieren, die scheinbar nicht weniger und nicht leichter werden. Der Weg zum Gipfel ist noch verdammt weit, und von hier aus sieht der obere Teil mehr als schwer aus. Erst mal folgen Hundert Meter Gehgelände bis zum nächsten Bollwerk. Wir müssen entscheiden, wie es weitergeht. Links raus und die steilen Türme hinauf Richtung Gipfel? Das sieht nach hakentechnischem Klettern und mindestens vier Seillängen aus. Oder rechts an die Kante raus? Vom Standplatz aus wären das gut 30 Meter. »Kante besser!«, tippe ich auf rechts, und Thomas versucht es.

An der Kante angekommen, schätzt Thomas die Lage ein: Die Wand über ihm sieht machbar aus, wenn auch nicht leicht. Der Fels scheint ziemlich morsch und nicht absicherbar zu sein – eine heikle Mission. Thomas klopft noch einmal seine Finger warm, dann kommen trotz der Kälte erst einmal die Handschuhe weg – es wird also verschärft! Irgendwo mitten in der Wand wickelt Thomas eine Schlinge um einen kleinen Felszacken, was nicht viel bringt, weil die Schlinge schon kurz darauf wieder am Seil entlang hinuntersegelt. Es bleibt spannend. Mittlerweile sind auch Steph und Max am Standplatz angekommen. Keiner spricht, alle schauen gespannt auf das, was da oben passiert. Irgendwann, ganz unverhofft, dann der Freudenschrei. Thomas hat eine Stelle im Felsen entdeckt, in der er einen Camalot als bombenfeste Sicherung unterbringt. »Der Wahnsinn!«, gibt er von sich. 15 Meter direkt an der senkrechten Kante zwischen Nord- und Westwand klettern, er hat die Klimax der gesamten Route überwunden. »Stand!«, und ich gleich hinterher.

Thomas erwartet mich schon mit einem: »Des glaabst ned!« Es ist vorbei! Vor uns ist alles flach. Gehgelände bis zum Gipfel, es ist 14.30 Uhr. Wir geben uns alle vier die Hand. Es fängt wieder zu schneien an. Es war nicht umsonst, dass wir so aufs Gas gedrückt haben, und dass Max bei diesem Tempo durchgehalten hat, ist sensationell! Lange bleiben wir nicht, denn wir sind vorgewarnt. Mit jeder Stunde soll der Wind stärker werden. Langsam und sicher kommen wir nach unten. Ich seile voraus, richte die Standplätze ein, dann Max, dann Steph und Thomas als letzter. Überhängend schwebe ich die *Headwall* hinunter. »Sakrisch« steil und gerade bei diesem Wetter – es schneit und stürmt – abartig beeindruckend! Wir erreichen wieder unsere Portaledges. Endlich! Es ist 18.30 Uhr, erleichtert schlüpfen wir in unsere Schlafsäcke.

Während der gesamten Nacht bleibt das Wetter grauenhaft. Im Schlafsack lässt es sich noch aushalten, aber am Morgen müssen wir raus und mit dem ganzen Krempel wieder vom Berg hinunter. Der Schnee kommt gleichermaßen von oben und unten und der Wind sowieso von überall. Und gerade, weil das Packen eine lästige Arbeit ist, lassen wir Sorgfalt walten. Am Ende der Expedition ist ein Fehler schneller passiert, als man glauben würde. Nach einer Stunde geht es talwärts, und wenigstens das geht nun leichter, denn das Tragen der schweren Haulbags übernehmen hier die Eisfelder für uns. Thomas und Max steigen voraus, und Steph und ich kündigen unsere Paketsendungen per Funk an. Auf Kommando lassen wir die Teile nacheinander runterrauschen. Und die Säcke sind gerauscht, aber wie! Eine wahre Freude, wie die da runter sind. Ohne Anstrengung, einfach so. Unten angekommen, verstauen wir alles auf unseren Schlitten. Noch acht Kilometer haben wir vor uns, die letzten für diese Expedition: »Mei, is des schee!«

BISCHOF

MANFRED SCHEUER

ÄUSSERE UND
INNERE AUFSTIEGE

SCHRITTWEISE UND LANGSAM

Mein Geburts- und Heimatort Haibach ob der Donau in Oberösterreich liegt nicht in den Bergen. So bin ich in den Jahren der Grundschule nicht so hoch hinaufgekommen. Wohl konnten wir auf den Hügeln der Umgebung von Haibach Skifahren lernen. Mein erster Berg war dann 1967 der Schafberg, vom Ostufer des Mondsees aus über die sogenannte Himmelspforte. Es waren immerhin 1300 Höhenmeter. An die innere Befriedigung, an einen gewissen Stolz, es geschafft zu haben, kann ich mich noch heute erinnern. Es folgten Touren auf den Traunstein, auf das Warscheneck, den Bosruck und den Großen Pyhrgas. Meine Bergführer und Begleiter haben mich gelehrt, was von Anfang an wichtig ist: das langsame Beginnen und der gute Rhythmus. Wenn wir zu schnell losgegangen sind, ist uns am Ende die Luft ausgegangen. Manchmal hat sich zu Beginn der innere Schweinehund gemeldet: Das packst du heute nicht! Warum tue ich mir das heute an? Muss das heute sein? Gibt es eine Ausrede, warum ich heute nicht auf den Berg »muss«, sei es das Wetter oder die eigene Kondition? Aber Schritt für Schritt, Atemzug um Atemzug bin ich dann weiter und meist auch oben angekommen. Gelernt habe ich auch, was eine »Eingehtour« ist, wie wichtig ausreichend Schlaf und gesunde Ernährung sind. »Wer einen hohen Berg erklimmen will, tut das nicht in Sprüngen, sondern schrittweise und langsam«, hat schon Papst Gregor der Große vor 1400 Jahren gemeint. Schrittweise und langsam: Das gilt für die Einübung von Freundschaft, für das Erlernen eines Berufes, für Studium und Ausbildung, auch für den Weg des Glaubens. Und wenn ich angesichts des fernen Gipfels beunruhigt bin und den Eindruck habe: »Eigentlich müsste ich jetzt mit einem Kraftakt hoch, aber ich kann nicht«, dann gilt: Ich muss nicht sofort oben stehen, sondern kann vorerst nur den nächsten Schritt bergauf tun. »Geh einen nächsten Schritt in die Richtung, wohin es dich zieht, vielleicht etwas weiter, als du glaubst, du habest Kraft dazu.« Und die Berge wurden für mich zu einer Schule der Aufmerksamkeit, der Konzentration und der sowohl äußeren als auch inneren Beweglichkeit. Berge lassen sich nicht einfach konsumieren und schon gar nicht kaufen. Die Freude über den Gipfel gibt es nicht ohne Übung, Training und Askese.

GRENZERFAHRUNG BERG

Als Jugendlichen reizten mich bald leichte Klettertouren auf den Großen Priel über den Südgrat, dann schon etwas schwieriger auf die Spitzmauer und den Brotfall im Toten Gebirge, im Gosaukamm die Bischofsmütze, die Weitkarturmkante oder die Mandlkogelkante, in der Brenta die Cima Margherita oder in der Sella die drei Türme und in der Langkofelgruppe die Fünffingerspitze. Mehr als zum fünften Schwierigkeitsgrad habe ich es nicht gebracht. Die Motive meiner Motivation waren recht unterschiedlich: Am Anfang war es mehr der sportliche Ehrgeiz, dann der Versuch, die eigenen Grenzen auszuloten, zu erweitern und zu überwinden. Ich habe dabei massive Grenzerfahrungen am Scheideweg von Leben und Tod gemacht, sei es beim Mitgerissenwerden von einem Schneebrett, beim Hängen im Seil, beim Einbrechen in eine Gletscherspalte oder beim Tod des Freundes, der vor den eigenen Augen beim Abstieg vom Zweiten Sellaturm tödlich verunglückte. Diese Erfahrung war für mich eine radikale Unterbrechung des »Höher-weiter-schwieriger«-Strebens.

Der sportliche Ehrgeiz hat ganz aufgehört. Ich bin damals ängstlicher, zurückhaltender und zweifelnder geworden, nicht nur beim Bergsteigen. Auch nachdenklicher: »Warum gibt es mich überhaupt und nicht lieber nicht?« War es »Zufall« oder »Geschenk« oder »Auftrag«, dass ich gefährliche Situationen überlebt habe? Und nicht zuletzt: dankbarer.

An Kanten und Graten fühle ich das Ausgesetztsein meines Lebens:

»Ausgesetzt auf den Bergen des Herzens. Siehe, wie klein dort, siehe: die letzte Ortschaft der Worte, und höher, aber wie klein auch, noch ein letztes Gehöft von Gefühl. [...] Aber ungeborgen, hier auf den Bergen des Herzens ...«

RAINER MARIA RILKE

Mich aussetzen auf äußeren und inneren Bergen: dem Wagnis der Freiheit, dem Risiko der Liebe, dem personalen Du, den existenziellen Abgründen von Fremdheit, Leid, Schuld und Tod. Gipfelerfahrungen haben mich für den Beigeschmack des Wunders, der Scheu, der Ehrfurcht, der Bescheidenheit und der Auslieferung an die Gefahr sensibilisiert. Ein Hauch von Angst bleibt dabei beständiger Begleiter.

GLETSCHERTOUREN

Mein erster Dreitausender war (nach dem nicht als solchen anerkannten Dachstein) die Wildspitze. Per Autostopp ging es 1971 ins Ötztal. Sommer- und Wintertouren in der Silvretta, im Stubaital, im Zillertal, im Venedigergebiet, auf den Glockner, den Hochgall, im Ortlergebiet, in der Bernina, im Wallis oder im Aostatal gehören seit fast 50 Jahren zu meinem Urlaubsprogramm. Die Motivation hat sich gegenüber dem Klettern verlagert. Wichtig wurden mehr und mehr Wegbegleiter und Freunde, durch die sich der äußere Aufstieg mit dem inneren Weg, dem Besteigen der Berge des Herzens, verband. Das Gehen im Schweigen, das gemeinsame Steigen, das Warten aufeinander, die Verwiesenheit aufeinander am Seil, das Teilen des Essens und Trinkens und die gemeinsamen Abende wurden persönlichkeitsbildend, gemeinschaftsstiftend, freundschaftsstiftend. Immer war auch eine spirituelle Dimension präsent.

Die Berge waren und sind für mich eine Schule der Sehnsucht, mich nicht mit zu wenig zufriedenzugeben, die Ziele meines Lebens nicht zu niedrig anzusetzen und diese nicht aus den Augen zu verlieren. Sie haben mich die Schönheit des Lebens und der Schöpfung gelehrt. Der Blick auf Blumen, auf Alpenrosen, Enzian, Vergissmeinnicht, das Kosten des Wassers, die fantastische Fernsicht, das Erleben der Natur: Das ist Nahrung für meine Seele. Gipfelerlebnisse sind für mich geprägt von überwältigenden Glücksgefühlen, sind Momente totaler Aufmerksamkeit und erscheinen als Blitze totaler Freiheit. Das wesentliche Sein und der Sinn des Lebens erscheinen unverhüllt, völlig einsichtig und klar und ungeheuer schön. Situationen auf dem Berg als Grenzerfahrungen des Lebens und des Todes, als Quelle größter menschlicher Zuneigung können Momente sein, in denen wir etwas vom Geheimnis Gottes erahnen.

BIBLISCHE BERGE

Ein etwas anderer Zugang geht über biblische Berge, die ich bestiegen habe, beispielsweise den Sinai, den Berg Karmel, den Tabor oder den Berg der Seligpreisungen. Berge der Wüste wie der Assekrem im Hoggargebirge oder die Dünen von Kerzaz haben ihre eigenen Herausforderungen. Saharafahrten haben sich bleibend eingeprägt. Wie die Alpen waren die Berge der Wüste für mich eine große Hilfe, die inneren Berge der eigenen Identität und der Einwohnung Gottes in mir emporzusteigen. Die gegenseitige Bezogenheit hat eine lange Tradition, die sich in der Mystik niedergeschlagen hat. Gregor von Nyssa vergleicht den Aufstieg der Seele zu Gott mit Moses, der auf dem Sinai die Bundestafeln erhält. Der Aufstieg auf den Berg Sinai (Ex 33) wird zur Allegorie des geistlichen Aufstiegs zur Gotteserkenntnis. Moses wird als Typus des kontemplativen Beters gezeichnet, der Aufstieg zum Sinai wird als Weg zur Vollkommenheit und als Aufstieg zur Kontemplation gedeutet. Der Sinaigipfel erscheint als »Gipfel des Geistes«. Johannes Klimakos war Mönch auf dem Sinai. Seine Gedanken über die innere Treppe beziehungsweise Leiter lassen sich auch in der geografischen Landschaft vom Katharinenkloster hinauf zum Sinaigipfel wiederfinden.

GIPFELKREUZE

»Der Weg ist das Ziel«, so lautete vor einigen Jahrzehnten ein Werbeslogan. Das ist auch richtig so. Und doch hat der Weg allein ohne Orientierung und ohne Ziel noch keinen Sinn. »Weg« hat ja eine doppelte Bedeutung. Es kann der Geh-, Fahr- oder Transportweg oder auch der Lebensweg sein. »Weg« kann aber auch Distanzierung bedeuten: Weg von hier, weil die Leute so anstrengend sind, weil Aufgaben kaputtmachen, weil das Leben zum »weg«- werfen ist.

Die Erlebnisgesellschaft, die so viel vom Leben, vom Glück, vom Heil, auch von der Gesundheit redet, ist oft weit »weg« vom Leben, dem eigentlichen Leben recht fern. Realitätsverweigerung und Wirk-

lichkeitsflucht gehören zum Programm. In unserer Zeit ist man damit beschäftigt, Ablenkungen zu gestalten, weiß aber nicht mehr, wovon man ablenken will. Nun wollen wir es doch nicht so machen wie in dem unvergesslichen Lied des Wiener Kabarettisten Helmut Qualtinger aus den 50er-Jahren, in dem ein jugendlicher Motorradfahrer sagt: »Wir wissen nicht, wo wir hinfahren, aber dafür sind wir g'schwinder dort.«

Die Berge verweisen auf die Fragen nach einem letzten Sinn und Ziel unseres Lebens. Sinn und Ziel, die nicht ins Leere gehen, nicht in der Absurdität des Alltags enden, sondern die Treue zur Erde und die Hoffnung auf Glück miteinander verbinden und versöhnen.

In meiner Zeit als Tiroler Bischof habe ich manche Gipfelkreuze gesegnet, zum Beispiel auf der Serles oder auf der Wildspitze. Gipfelkreuze sind inzwischen recht umstritten. Am Aschermittwoch 2013 wurden in ganz Österreich religiöse Symbole in der Öffentlichkeit verhüllt: so auch Kreuze auf Plätzen und Brücken, Wegkreuze und Gipfelkreuze wie auf dem Großglockner. Bergführer aus Kals und aus Heiligenblut haben mich damals auf den Großglockner begleitet. Die Verhüllung der Kreuze sollte Fragen auslösen: Was fehlt einem Menschen, der nichts (mehr) sieht? Was war denn eigentlich da? Woran gehen wir täglich vorbei? Und was übersehen wir, obwohl wir es tagtäglich sehen? Geht uns eigentlich etwas ab, wenn bestimmte Zeichen und Symbole einmal nicht da sind? Geht uns ohne das Segenszeichen des Kreuzes etwas ab? Geht uns ohne Jesus etwas ab? Fehlt uns etwas, wenn es keine Hoffnung auf Auferstehung gibt?

> *»Die verlorene Hoffnung auf Resurrektion
> hinterlässt eine spürbare Leere.«*
> JÜRGEN HABERMAS

Was bedeutet diese Leere für eine Gesellschaft, die bisweilen so lebt, als ob es Gott nicht gäbe? Es gibt inzwischen nachdenkliche Stimmen, die einen gewissen Phantomschmerz artikulieren: Es fehlt etwas, wenn das Gottesbewusstsein wegbricht, wenn die humanen Orientierungen der religiösen Traditionen nicht mehr zur Verfügung stehen. Mit dem Verlust der Auferstehungshoffnung entsteht ein Sinn-Vakuum, das nicht gefüllt werden kann.

Das Kreuz auf dem Berg wurde zur Weltenachse, die Himmel und Erde zusammenhält. In unseren Landen wurden Kreuze auf den Bergen aufgestellt, die gleichsam alle diese Berge mit Christus in Verbindung bringen. Sie stellen das Zeichen der Versöhnung von Schöpfung und Mensch, von Mensch und Gott dar und geben uns den Mut, die Nähe des Schöpfers zu glauben, zu lieben und in ihr zu verweilen. Die Berge können Freiheit, Überblick, Sammlung und Höhe geben. Wir sind heute ein wenig in Gefahr, den Lärm der Tiefe selbst auf den Berg herauf zu verlegen, auch die Höhe zur Tiefe zu machen. Ich denke, dass jedes Gipfelkreuz helfen kann, hier wirklich Höhe zu finden, Abstand, Freiheit, Begegnung mit dem Schöpfer, Fähigkeit zum Stillwerden vor ihm, Besinnung und neue Einkehr im Gebet.

BERGSTEIGERIN, JOURNALISTIN
UND VORTRAGSREFERENTIN

MARLIES
CZERNY

MEIN SCHRITT MIT FOLGEN

*Wie eine kleine Wanderung mit 21 Jahren
die größte Veränderung meines Lebens bewirkte –
und ich von null auf viertausend schoss.*

Früher hab ich mich sehr gerne tragen lassen, sagt die Mama. Mehr noch, sie spitzt es zu: »Gehfaul« sei ich gewesen. Warum aber um Himmels willen hätte ich mit zweieinhalb Jahren selber laufen sollen, wenn ich auf den starken Schultern vom Ged sitzen kann und trotzdem oben ankomme? Immerhin gibt's auf der Grünburger Hütte einen prickelnden Hopfentee, der ja noch viel besser schmeckt, wenn man sich's so richtig verdient hat. Also war mir der Onkel bestimmt dankbar für mein kleines Zusatzgewicht auf dieser Wanderung in Oberösterreichs Voralpen. Und ich war gar nicht gehfaul, liebe Mama, sondern hilfsbereit.

Das war auch schon der einzige Familienwandertag meiner Kindheit. An allen anderen Tagen, vor allem den Sonntagen, haben wir fässerweise Bier gezapft und g'spritzten Apfelsaft ausgeschenkt. Nur mussten die Gäste dafür nicht so weit gehen. Von der Kirche bis zu unserem Gasthaus waren es siebenundzwanzig Schritte oder neunmal umfallen.

Den Kirchenwirt in Steinbach hatten meine Eltern geführt, der im selben Gemeindegebiet wie die Grünburger Hütte stand, nur 750 Meter niedriger und mitten am Ortsplatz. Zeit für Wandertage und Ausflüge war durch die Gastwirtschaft natürlich selten bis gar nicht vorhanden. Kaum stand ein Ruhetag ins Haus, war auch schon wieder ein Mitbürger gestorben. Und die Trauergäste bekamen in unserem Speisesaal ihr Rindfleisch mit Semmelkren serviert. Als brave Wirtshaustochter half ich natürlich immer fleißig mit – mit dem schönen Nebeneffekt, mir dabei ein Taschengeld zu verdienen. Der nächste Kirtag und Adventmarkt kamen bestimmt.

Später, nach der Matura, hab ich mit meinem Traumjob mein Geld verdienen und meine Zeit vertreiben dürfen, als Journalistin bei den *Oberösterreichischen Nachrichten*. Doch eines Tages sagte mein Chef: »Jetzt geh endlich auf Urlaub, Marlies!« Dabei wollte ich das doch gar nicht! Ob es meine pure Verzweiflung angesichts von zu viel Freizeit war, die mich daran erinnerte, es doch einmal aus eigener Kraft bis zur Grünburger Hütte zu schaffen? Es muss ja nicht gleich der 1273 Meter hohe Hochbuchberg sein, dem die Hütte zu Fuße liegt. Wahrscheinlich war neben der Verzweiflung auch Pragmatismus im Spiel, denn in acht Wochen Urlaubsabbau konnte ich zwischen Kaffeehäusern und Kurztrips noch immer ein paar Berge packen. Denn auf Berge zu steigen, so viel wusste ich, das braucht Zeit. Viel wichtiger als freie Zeit war mir aber immer, bei meiner Tageszeitung einen guten Job abzuliefern. Überstunden zählte ich nicht. Mehr zählten für mich die guten Schlagzeilen und Geschichten, jeden Tag aufs Neue.

Dann aber schnürte ich mit 21 Jahren meine Turnschuhe und war voller Tatendrang und Siegeswillen. Einfach mal losgehen! Ich schnaufte mich durch die endlosen Serpentinen im furchtbar steilen Wald. Das Unterholz krachte und knackte unter meinen Füßen, die fast 70 Kilogramm ertragen mussten (nein, der Rucksack ist da leider nicht mit eingerechnet). Die Armen! Wäre auch eine gute Idee, wenn das endlich weniger statt mehr würde. Dieses Gewicht darf sich ja immerhin nur auf 159 Zentimetern breitmachen. Zur Sicherheit für mein wild pumpendes Herz wählte ich ausgiebig viele Rastplätze. Nicht, dass ich noch eine Schlagzeile über mich selbst schreiben muss: »Erschöpfte Wanderin von Bergrettung gerettet.«

Immer wieder blieb ich stehen und lauschte. Dem Hämmern meines Schrittmachers, den Vögeln, die mir ein Lied zwitscherten. So als wollten sie mich anfeuern, doch noch eine Serpentine anzuhängen. Die leisen Laute der Natur klangen ganz anders als das Aufpoppen der E-Mails und das Klingeln des Telefons. So friedlich und freudvoll, da wollte ja keiner etwas von mir! Und ich wollte auch von niemand anderem etwas. Als mein Schnaufen weiter nachließ, hörte ich auf einmal etwas ganz Seltsames: eine Stimme. Meine Stimme. Meine innere Stimme? Ich spürte mich und meine Umwelt so, wie ich sie noch nie zuvor gespürt hatte. Ich hinterfragte nicht, wie ich das finden sollte, die Gefühlslage pendelte ziemlich ausschlaggebend zwischen relativ anstrengend und maximal angenehm. Weiter mit mir.

Der Wald lichtete sich, und als ich aus dem schattigen Wurzelwerk heraustrat, öffnete sich der

Bühnenvorhang zu einer Märchenwiese, auf dessen Kuppe mein verwunschenes Knusperhäuschen stand. Erst betraten meine Füße diese vorgelagerte, sanfte Wiese. Nur nicht auf die Gänseblümchen und diesen blau blühenden Kelch trampeln! So blau, blau, blau blüht doch nur der Enzian, sang Heino spätnachts immer auf Zeltfesten. Oder? Mein Blick reichte über das frühlingshafte Alpenvorland bis zum dicht verbauten Zentralraum hinaus. Dort besaß ich eine kleine Altstadtwohnung, die nur ein einziges Fenster hatte, durch das Licht von draußen drang. Durch das Glas blickte ich jedoch unmittelbar auf die Mauer des nächsten Hauses, und durch das polterte am Wochenende das Gegröle der darunter liegenden Lokale. Viel lieber als dort war ich aber ohnehin in der Redaktion. Komisch, die ging mir heute noch gar nicht ab!

Wenn ich mich umdrehte, schweifte mein Blick in eine ganz andere Welt. Das Sengsengebirge und das Tote Gebirge taten sich mächtig vor mir auf. Damals wusste ich natürlich noch nicht, wie diese Erhebungen hießen. Damals wirkte das Panorama wie ein bildhübsches Gemälde, bei dem sich der Künstler besonders bemüht hat, schroffe Gebirgsketten vielschichtig hinter sanfte Hügel zu zeichnen. Dass solch grau schattierte Silhouetten wirklich genauso eindrucksvoll in der Landschaft existieren und nicht nur in der Fantasie der Künstler, das war mir nicht bewusst. Wie würde es sein, einmal auf den höchsten Gipfeln dort hinten zu stehen? Ehe ich mir das weiter ausmalen konnte, blies ein kalter Wind über meinen schweißnassen Rücken. Erschöpft, aber glücklich trat ich durch die Hüttentüre. Ich hatte das Gefühl, Extremes geschafft zu haben. Auf 1080 Höhenmetern bin ich angekommen. Und 400 davon habe ich aus eigener Kraft gemeistert!

Gerne denke ich an meine erste, eigenständige Wanderung zurück. Denn es blieb nicht beim ersten Mal, und auch nicht beim zweiten Mal. Nein, auch nicht beim zehnten Mal. Ein Jahr später stand ich auf meinem ersten Dreitausender, zwei Jahre später auf meinem ersten Viertausender. Noch mal sechs Jahre später auf allen 82 Viertausendern der Alpen (darüber durfte ich mittlerweile sogar ein eigenes Buch schreiben) – und noch ein Jahr später hätte ich mir die Welt so gerne von einem Achttausender angesehen, aber dieser Traum endete auf 7400 Metern Höhe. Kopf und Körper spielten zwar mit bei der Expedition in den Karakorum, aber nicht der Himmel. Er ließ es andauernd schneien. Der Besteigungsstil war mir und meinem liebsten Partner Andreas sehr wichtig – wir waren nur als Zweier-Team, ohne Hochträger und ohne zusätzlichen Sauerstoff unterwegs. Aber noch wichtiger war uns: wieder gesund nach Hause zu kommen. Also kein Harakiri an den Lawinenhängen des Gasherbrum II. Und damit kein Blick vom dreizehnthöchsten Gipfel über bestimmt endlose Silhouetten in die weite Welt hinaus. So sehr hätte ich mir diese Aussicht gewünscht.

Anstatt einen Schritt zu weit, gehen wir lieber noch einmal ein paar Schritte zurück. Zum Anfang. Mein erster Schritt wirkte wie ein kleiner Funke, der in mir ein großes Feuer entfachte, das niemand mehr zu löschen vermochte. Draußen sein, fernab von meinem Redaktionsalltag, dem täglichen Druckschluss, den Reisen als Sportjournalistin, dem Kopfrauchen in Pressezentren, da entdeckte ich, wie wunderbar die Natur ist. Die Kraft, die ich von ihr zurückbekam, war fast immer stärker als die Kraft, die mich die Aufstiege kosteten. So ganz nebenbei bemerkte ich, wie wenig ich eigentlich brauchte, um glücklich zu sein. Ja mehr noch: Je weniger ich hatte, umso leichter fühlte ich mich. Es fühlte sich verdammt gut an, weit weg zu sein von der Zivilisation mit all ihren Reizen und Regeln. Mein Problem mit überflüssiger Freizeit war von nun an gelöst. Ich hatte keinen Ausgleich zur Arbeit gesucht, ihn aber gefunden.

Künftig genoss ich meinen Kaffee anstatt in hippen Innenstadtlokalen viel lieber vor urigen Berghütten. Bald mussten meine Beine auch nicht mehr so viele Kilo ertragen. Die Wanderung auf die Grünburger Hütte, die mir früher als Tagesprogramm erschien, ging ein Jahr später schon fast im Vorbeilaufen. Ganz so oft kam ich nicht mehr in meinem Heimatort vorbei, doch wenn, dann bewegte ich gerne eine Freundin zum Mitkommen. Es war so schön zu sehen, wie der Funke Berg-Begeisterung auch auf andere übersprang. Immer leidenschaftlicher brannte mein Feuer, in das ich Öl goss, für das ich Holz suchte und es immer wieder frischem Wind aussetzte. Ich nahm mir die Freiheit, mich langen Zustiegen, scharfen Graten, exponierten Wänden und starken Stürmen auszusetzen. Wieder zurückzukehren in mein Nest, das gehörte aber genauso dazu. So führte ich auch mein Leben metaphorisch gesprochen immer wieder an Wegkreuzungen und zu Schlüsselstellen – in der Hoffnung, meine ganz eigene Linie zu finden und dort anzukommen, wohin es sich wirklich lohnt aufzubrechen: ganz zu sich selbst.

SCHAUSPIELERIN

URSULA STRAUSS

DER BERG RUFT...

... und im Moment höre ich ihn extrem laut. Erinnerungen kommen hoch an kindliche Bergbesteigungen und so sehr sich das damals kleine Mädchen gewünscht hätte, nie mit dem Weg, der stets aufwärtsführt, angefangen zu haben, so sehr wünscht sich Jahre später die Frau, die jetzt vor ihrem Computer sitzt und an Vergangenes denkt, endlich wieder damit beginnen zu können. Endlich mal wieder das Glücksgefühl zu erleben, das zugegeben auch das überanstrengte Kind schon empfinden konnte, wenn der mühsame Aufstieg, dieses sich Schritt für Schritt Vorwärtsschleppen, die schmerzenden Knie, der Schweiß der Verzweiflung, ob der Vermutung, man würde an seinem Ziel, man würde ganz oben nie ankommen, das pochende Herz und der immer knapper werdende Atem belohnt wurden durch diesen einen Moment. Den Moment, in dem der Gipfel erreicht und der letzte Schritt gegangen war. Dieser eine flüchtige Moment. Dieser Blick. Unbeschreiblich. Unbesiegbar. Unendliche Freiheit. Die kleine Welt, die unter einem liegt, verliert ihre Bedeutung, die Seele fliegt frei. Man versucht, den Moment in die Länge zu ziehen, ihn nie wieder aufhören zu lassen. Für immer hier stehen und schauen und atmen.

Wie also umgehen mit der Tatsache, dass aber leider jeder Moment endlich ist, sich immer der eine an den nächsten reiht, so wie die Schritte, die soeben gegangen wurden, um dahin zu gelangen, wo man jetzt steht? Schritt für Schritt, Moment für Moment. Wie umgehen mit der Tatsache, dass es jetzt weiter und irgendwann auch wieder runtergehen muss? Die Endlichkeit akzeptieren und voranschreiten, aber wie? Und dann greift man in die Tasche, und es beginnt der traurige Versuch, all das festzuhalten. Man will dieses kurze Gefühl der Unendlichkeit einfangen, will es konservieren und im richtigen Moment aus der Tasche ziehen und sich daran laben. Ein Ding der Unmöglichkeit, eine zum Scheitern verurteilte Mission. Die Fotos werden trotzdem gemacht. Das Gefühl verschwindet. Beweisfotos der geglückten Besteigung. Jausenbrot am Gipfelkreuz. Glücklich strahlende Gesichter, denen man interessanterweise die gerade hinter sich gebrachte Anstrengung selten ansieht. Wer weiß schon, ob das an der Tatsache liegt, dass man gerade mit dem Berg gerungen und ihn besiegt hat, oder daran, dass es noch keine HD-Fotografie gab und die vergangene Technologie einen schmeichelnderen Umgang mit uns pflegte. Ich weiß nicht, wie viele Fotos von errungenen Gipfelkreuzen mit Jausenbrot und Siegermiene es in unserer Fotokiste gibt. Es müssen unzählige sein.

Ich hätte mir als Kind nie träumen lassen, dass ich irgendwann den Berg in mir rufen höre, aber Tatsache ist, dass ich die Kraft des Berges unterschätzt habe. Ich habe nicht daran geglaubt, dass er magische Kräfte hat und einen so wie die Hexe im Märchen zu sich lockt und irgendwann schreit und dann keine Ruhe mehr gibt, bis man dem Rufen nachgibt.

Das versuche ich, so oft es geht. Ich versuche, seinem Rufen nachzugeben, bin plötzlich süchtig geworden nach dem Geherlebnis, der Anstrengung und der Belohnung danach. Nach der Bergluft, die sich so atmet wie sonst keine. Nach klaren Bergseen und der Pause auf der Hütte. Nach der einzigartigen Flora und Fauna und nach diesem Blick. Während der Dreharbeiten zu *Maikäfer flieg* bin ich in Südtirol, so oft es mir möglich war, hinaufgewandert, um hinunterzuschauen. Alleine, nur mit mir und meiner Erinnerung an andere Berge und an die Familie, die mit mir Bezwinger gewesen ist. Ich habe dreimal die drei Zinnen besucht, vielleicht weil aller guten Dinge oder eben der Zinnen drei sind. Ich merke tatsächlich, dass ich die Berge vermisse, wenn ich zu lange nicht die Möglichkeit hatte, den einen oder anderen zu besuchen und für kurze Momente in ihrer Unendlichkeit zu wohnen.

Es gab durchaus auch Momente der Angst. Momente, in denen wir, vom Unwetter überrascht, eine Tücke der Berge, nicht wussten, ob wir es rechtzeitig zur nächsten Hütte schaffen würden. Momente, in denen sogar mein Vater, sonst unerschütterlicher Fels in der Brandung, ob der Unerbittlichkeit des Berges zu zweifeln begann. Der Berg gibt sich nämlich überhaupt keine Mühe, seine Launen zu verstecken. Er wechselt, wenn er will, so rasch die Stimmung, so schnell kann man gar nicht schauen. Er pflegt einen ehrlichen Umgang mit seinen Gefühlen und zeigt unverhohlen und ohne jegliche Rücksicht, wie es ihm geht. Da kam dann nicht einmal mein

Vater mit, der einem Berg, wie mir gerade auffällt, gar nicht unähnlich war. Wir haben es aber immer geschafft, haben alle Situationen, mit denen der Berg uns Wanderer konfrontiert hat, gemeistert. Wir wurden nass und dann wieder trocken, hatten Blasen, die wieder geheilt sind, haben uns verirrt und dann wieder unseren Weg gefunden, wurden klein angesichts seiner Größe und sind manchmal – dank des Berges – über uns hinausgewachsen.

Außer einmal. Einmal hat es mich richtig erwischt, und die Erinnerung daran ist bis heute so klar und lebendig, als wäre all das erst gestern geschehen. Allerdings kann der Berg da nur wenig dafür. Außer natürlich, dass er ist, was er ist und in der Natur seiner Sache ja nicht nur Auf-, sondern auch Abwärtsbewegungen liegen. Rauf und runter, runter und rauf, eine herrliche Spielwiese eben. Diese wird gerne in der weißen Jahreszeit zum Skivergnügen genutzt und wurde meinem achtjährigen Ich zum Verhängnis. Die Berge als Urlaubsziel sind – ob des in unseren Landen fehlenden Meereszugangs – ja quasi ein »feriales Muss«. Sie sind uns im Sommer und Winter Zufluchtsort der Erholung und der Entspannung und bieten uns neben guter Luft auch viel gute Laune an. Die ist mir allerdings an Tag vier eines unserer Winterurlaube in Radstadt vergangen.

Nach üblicher anfänglicher Hektik und schlechter Laune meines Vaters, die angesichts der gerade erheblichen Aufbruchs-, Einpack- und »Hoffentlich-nichts-vergessen-haben«-Stimmung ganz normal war und augenblicklich verflog, sobald er den

Zündschlüssel drehte und die Reise begann, machten wir uns auf den Weg Richtung Berg und alles war in bester Ordnung. Wie solch familiäre Reisen über mehrere Stunden eingepfercht in einem Auto eben sind. Unausweichlich die berühmte, viertelstündliche Frage nach der bereits ersehnten Ankunft, unausweichlich die Neckereien der Brüder, die mich schon jetzt – aus Liebe und Rücksicht – auf die Existenz des bösartigen Yetis vorbereiten wollten, der, wie sie behaupteten, am liebsten achtjährige Mädchen als Mahlzeit verspeise und laut ihrer absolut sicheren Quelle just in dem Hotel zu wohnen schien, in das wir uns gerade anschickten zu fahren. Ich hatte schreckliche Angst und war herrlich aufgeregt, denn schon damals wusste ich, dass auch eine gut ausgedachte Geschichte ein Zeichen der Zuneigung sein kann. Alles verlief normal, die Ankunft im Hotel, der erste, zweite, dritte Skitag. Ich durfte sogar einen kurzen Blick auf den Yeti erhaschen, der es sich auf dem Dachboden des Hotels gemütlich gemacht hatte und interessanterweise die Skibrille und Mütze einer meiner Brüder trug. Ansonsten gut verhüllt, konnte ich nicht erkennen, welcher der beiden sich die Mühe machte, für mich ein besonders furchterregendes Monster zu sein. Es war toll. Familienurlaub vom Feinsten. Doch dann kam Tag vier. Ich war, was meine skifahrerischen Fähigkeiten betrifft, nicht gut genug, um auf den berühmten Schneepflug zu verzichten, aber auch nicht mehr schlecht genug für ein angemessen langsames Tempo. So fuhr ich also vor mich hin und bildete, ob des großen Altersunterschieds, im Familienreigen natürlich immer das Schlusslicht. Meine Brüder, die Schnellsten und Gewandtesten unter uns, fuhren ohne Rücksicht auf Verluste vor sich hin und genossen mitunter auch die Tiefschneepisten. Gut, von denen war ich weit entfernt, wusste aber, dass ich mich auf meine Eltern, auch beide gute Skifahrer, die ihren Nachzügler natürlich immer im Auge hatten und so aus einer guten Distanz meine Schneepflugkünste überprüften, verlassen konnte. So fuhren wir in eine sogenannte »Schneestraße« ein, vorbei an einer Gruppe älterer Schüler, die gerade von ihrem Lehrer einzeln dazu aufgefordert waren, bei freier Schneestraße über eine gar nicht so kleine Schanze zu springen. Die Piste war auf einer Seite von einem hohen Schneewall begrenzt, und auf der anderen Seite ging es, wie es bei Bergen so üblich ist, steil bergab. Ich fuhr meine Schneepflüge, hoch konzentriert, einen nach dem anderen, kann mich an ein Gefühl der Müdigkeit erinnern und an den Gedanken an eine wohlverdiente Pause unten beim Skilift, wo ich mit meinen Eltern einen Treffpunkt vereinbart hatte. Dazu kam es nicht. Ich war auf dem Weg Richtung Wall, dort angekommen machte ich meinen Bogen zurück in Richtung Abgrund, als plötzlich einer der schanzenspringenden Schüler in meinem Bauch landete. Der Lehrer hatte mich nicht gesehen und das Zeichen zum Sprung gegeben, der Schüler war gesprungen, und ich war direkt in seine Richtung unterwegs gewesen. Gemeinsam schlitterten wir und kamen kurz vor dem Abgrund zum Liegen. Ich bekam keine Luft, hatte Angst und keine Orientierung. Meine Mama, die alles mit angesehen hatte, eilte sofort zu mir – wobei »eilen« ein relativer Begriff ist, angesichts der Tatsache, dass sie ein gutes Stück weiter unten war und in Skibekleidung zu mir hochmusste. Einigen wir uns darauf, dass sie so schnell kam, wie sie konnte. Dann erinnere ich mich nur noch daran, dass ich an der Seite meiner Mutter mit dem Sessellift zur Talstation gebracht wurde. Abwärts gefahren werden ist selten und offensichtlich seltsam. Gemerkt habe ich das an den Blicken all der uns entgegenkommenden Aufwärtsfahrer, als ich um Luft ringend im Arm meiner Mutter im Sessellift saß.

Im Hotel angekommen kam sofort ein Arzt, der mich untersuchte und feststellte, dass ein Aufenthalt im Spital zumindest für eine Röntgenuntersuchung angebracht war. In diesem Urlaub bin ich nicht mehr Ski gefahren. Ich hatte mich erst ein Jahr darauf wieder auf die Skier getraut und muss zugeben, dass ich bis heute eine gewisse Angst vor Kontrollverlust durch zu hohe Geschwindigkeit oder zu steile Pisten nicht leugnen kann.

Lange hatte ich einen großen Zorn auf den Lehrer, der seinen Schüler und mich in diese gefährlich verschlungene Situation gebracht hatte. Dem Berg aber, als Ort des Geschehens, habe ich es nicht übel genommen. Er war ja einfach nur da. Und irgendwie hat er mich rechtzeitig aufgefangen und nicht seinem steilen Abgrund zum Fraß vorgeworfen. So gesehen bin ich eventuell auf eine seltsame Art mit dem Berg verbunden. Vielleicht höre ich ihn deshalb rufen. Vielleicht habe ich damals schon vom Berg gelernt, dass jeder Moment eben endlich ist, so wie unser Leben endlich ist, und dass genau darin die Schönheit liegt: in seiner unwiderruflichen Einzigartigkeit.

Dem Berg aber ist das alles einerlei. Er stand und steht und wird noch stehen, als es von mir noch keine Spur und dann irgendwann keinen Rest mehr geben wird. Er kann ja nur sich selbst anbieten, uns einladen zum Vergnügen mit ihm oder zum Staunen über ihn. Selbstlos und ohne sich zu regen, der Zeit ihren Lauf lassen, der Geschichte ihre Bedeutung. Und er kann rufen und wenn man diesen Ruf hört, dann sollte man ihm folgen.

ERNÄHRUNGSWISSENSCHAFTERIN,
HEILPRAKTIKERIN UND AUTORIN

KATHARINA SCHNEIDER

KÖNIG DAMAVAND

Am 16. April 2019 entfliehen zehn Männer, ein Bergführer und zwei Frauen Wien Richtung Teheran. Die Reise beginnt allerdings viel früher – in meinem Kopf. Und zwar im Herbst 2016, als mir Christian Schmuck, Sohn des Broad-Peak-Erstbesteigers Marcus Schmuck, bei einer Klettertour in den Dolomiten vom Damavand erzählt. »Lustig«, denke ich mir, »das klingt ähnlich wie Darmwand« – ich schreibe gerade an einem Buch über Darmgesundheit von Kindern – und in den Iran wollte ich sowieso schon immer.

Genährt wird mein Kopfkino von Peter Habeler während einer Skitour in den Zillertaler Alpen. Für ihn ist der Damavand »einer der schönsten Berge überhaupt« und der Iran »seine zweite Heimat«. Dass er im Sommer und nicht im Winter oben war, und ich ihm das ursprünglich gleichtun wollte, wurde mir erst später klar.

Kurz danach ergoogle ich den bereits in meinem Bewusstsein verankerten Berg. Vielleicht gefällt er mir ja gar nicht. Doch das erste Bild – und ich bin hoffnungslos verloren. Ein alleinstehender, schneebedeckter Vulkankegel, ein majestätischer Koloss, dessen Ausläufer, einem Himmelblau entsprungen, talwärts mäandern und eine Erhabenheit, die nur wenige Berge auszustrahlen vermögen: »König Damavand«. 5671 Meter emporragendes Vulkangestein im iranischen Elburs-

Gebirge. Einer der höchsten frei stehenden Berge der Welt, höchster Berg des Nahen Ostens und höchster Vulkan Asiens. Ab diesem Zeitpunkt ist der Berg in mir und bei mir und begleitet mich ein ganzes Jahr lang.

Ich wähle, wie so oft, die Variante, die nicht alle anderen machen: die Winterbesteigung. Erst im Nachhinein erfahre ich, dass Reinhold Messner im Jahre 1970 bei einem Versuch, den Damavand im Winter zu besteigen, aufgrund von widrigen Wetterverhältnissen gescheitert ist.

Sehr spontan erwähle ich per Mausklick die »Besteigungs-Agentur« meines Vertrauens und investiere in den vielversprechendsten Thermo-Schlafsack, der für kältesensible Frauen am Markt erhältlich ist. Schlaflose Nächte aufgrund von Frieren sollen mir keinen Strich durch meine Gipfel-Rechnung machen. Des Weiteren spende ich meinen letzten verbliebenen Weisheitszahn meinem »Gott in Weiß« (der für mich mittlerweile vielmehr Damavand als Dr. Moser heißt), um jegliche unerwünschten Schmerz-Eventualitäten auszuschließen. Eine fällige Operation an anderer Stelle gewähre ich dem Arzt nur unter der Bedingung, dass ich vier Monate später auf einem gewissen Berg zu stehen habe. Dass mir diese OP allerdings zwei Monate winterliche Trainingsmöglichkeit raubt, verschärft die *Warm-up*-Situation nicht unwesentlich. So beschränkt sich die Vorbereitung auf das Pimpen meiner Ausrüstung, das Einlesen in iranische Kultur und läppische vier Skitouren.

Ich versuche, aufkeimende Selbstvorwürfe des Leichtsinns niedrig zu halten, denn ich kenne diese und höhere Höhen vom Acotango in Bolivien oder vom Gokyo Ri im Himalaja. Ich weiß, dass ich mich auf meine gute Höhenverträglichkeit verlassen kann, selbst wenn alle anderen Stricke wie Kondition, Wettereinbrüche oder Schlaflosigkeit reißen sollten. Das ist mein Joker, denn nach objektiven Maßstäben spricht nichts dafür, dass ich mit Skiern auf 5670 Meter Höhe gelangen würde. Meine Abfahrtskünste sind zudem auf gut berechenbaren Frühjahrsfirn beschränkt.

Aber Großes entsteht nicht in der Komfortzone, und »unversucht« zählt nichts im Stammbuch des eigenen Lebens. Meine Abenteuerlust will genährt sein!

Dass wir kurz vor der Abreise benachrichtigt werden, dass unser ursprünglicher Ausgangsort im Iran aufgrund ungewohnt massiver Schneeeinbrüche abgeschnitten ist und wir kurzfristig woanders unterkommen müssen, versuche ich nicht als Omen, geschweige denn als schlechtes, zu deuten.

Und so heben 13 Personen mit derselben Mission Richtung Teheran ab. Nur fünf Stunden sind es bis ins persische Reich: Zauber aus 1001 Nacht, ein Superlativ an kulturellem Reichtum und eine Freundlichkeit, die weltweit ihresgleichen sucht. »Schlechtestenfalls« wird man von den sehr aufgeschlossenen Iranern nur angelächelt, neugierig ausgefragt oder zum Tee eingeladen. Die einzigen Gestalten, die in diesem Land nicht lächeln, sind die fast jede Wand zierenden Konterfeis des verstorbenen Revolutionsführers Chomeini und des religiösen Oberhauptes Chamenei. Sie sind der beißende Beweis dafür, dass eine Bevölkerung so gar nichts mit ihrem rückschrittlichen, anti-westlichen Regime gemein hat.

Persien liegt im Verlauf des euro-asiatischen Hochgebirgsgürtels, an welchen sich der Hindukusch und der Karakorum anschließen. Über 50 Prozent des Landes sind also Bergland. Dass der Wüstenstaat über 20 Skigebiete verfügt, mag so manchen überraschen.

Einige befinden sich im Elburs-Gebirge, in das wir uns bei schlechtem Wetter aufmachen. Nach drei Stunden erreichen wir das Bergdorf Polur – Ausgangsort für sämtliche Abenteuer der nächsten Tage. Wir beziehen eine kleine Hütte mit einem reizenden Koch, und absolvieren unsere ersten Akklimatisationstouren auf den Angemar, 4047 Meter, und den ebenso hohen Butterfly Mountain. Touren, die mich relativ angestrengt zurücklassen – die Schneemassen erschweren das Spuren und Abfahren enorm. Dazu gesellt sich unten regnerisches, oben zugeschneites, trübes Wetter – und das ohne Ausblick auf Besserung. Wenn wir zufällig irgendwo eine Internetverbindung ergattern, dann verwenden wir diese ausschließlich für *mountain-forecast.com*: Der Damavand-Gipfel verspricht Schneefall bei minus 27 Grad und das bei Windstärken bis 60 Kilometer pro Stunde. An einen Aufstieg ist nicht zu denken, was anderntags auch drei österreichische Rückkehrer resigniert untermauern.

Lediglich einmal erhaschen wir in diesen langen Tagen einen Blick auf den »König Damavand« – sein Weiß in zartrosa Abendlicht getaucht. Ich setze mich dick eingepackt einige Stunden hinaus und beginne ein Zwiegespräch mit dem Berg. Ich teile mein Wechselbad zwischen Resignation und Hoffnung, visualisiere den Aufstieg und meditiere für dessen Gelingen.

Eine furchtbar traurige Nachricht erreicht uns ausgerechnet in diesen Tagen: Die Spitzenbergsteiger David Lama und Hansjörg Auer wurden in Kanada unter einer Lawine begraben. Nachdenklichkeit macht sich in der Gruppe breit.

Unser österreichischer Bergführer, der noch nie am Damavand oben war, verstreut mit Aussagen wie »Die Hangneigung ist 35 Grad – wenn'st da hinfliegst, bist weg« weiteren Pessimismus.

Mir wird die Situation des Herumsitzens im verregneten, schlammigen Polur, das *Warten auf Godot* und noch schlechteres Wetter zu steil, und ich überrede einen Mitreisenden, die nach der Besteigung geplante Kulturreise vorzuziehen, um dann noch einmal nach Polur zurückzukehren. Wenn wir eine Chance auf den Gipfel haben, dann nur in dieser Spielart.

Wir fliegen nach Shiraz, und das Aufwärmen und Auftanken auf allen Ebenen in der Ebene ist ein Hochgenuss nach dem einwöchigen Lagerkoller in feuchtnasser Kälte. Der Duft der Rosen in Yazd, türkisfarbene Kuppeln in Isfahan, kunstvolle Herrenhäuser in Kashan – wir tappen von einem Weltkulturerbe ins nächste und folgen den Spuren des romantischen Nationaldichters Hafis, den sogar Goethe verehrte. Dazu das melodische Farsi und zwei junge iranische Guides, die uns tiefen Einblick in die verheerenden Auswirkungen der amerikanischen Sanktionen geben und das Leben der Iraner, endlich einmal vorurteilsfrei, vermitteln. Ein Roadtrip der besonderen Art, den wir, im Land mit den meisten Verkehrstoten, unbeschadet und gestärkt überstehen. Auch die erweiterte Akklimatisation sehen wir als Vorteil, da wir von 4000 Meter Höhe zum Meeresspiegel gereist sind und nun wieder retour.

Uns kitzelt natürlich die Neugierde, wie es unserer Gruppe in den letzten Tagen ergangen ist. Unter abgehackter Whatsapp-Telefonie verstehe ich gerade so viel, dass die Hälfte der Gruppe nicht am Gipfel war. Ich vernehme unglaubliche Strapazen, der österreichische Bergführer konnte wegen Krankheit erst gar nicht aufsteigen, ein iranischer Bergführer riss sich bei der Abfahrt alle Bänder, einige mussten beim Aufstieg wegen Überanstrengung oder Höhenkrankheit abbrechen, und Erschöpfung wäre für die Beschreibung der Situation ein Hilfsausdruck. Das Lager am Berg sei menschenunwürdig und zeigt sich als ungefährer Abriss der Hölle vor meinem inneren Auge. Das ausgerechnet der junge, durchtrainierte, bergerfahrene Triathlet Roland es nicht geschafft hat, lässt meine Zweifel in die Höhe schießen. Mein Wille ist zwar ungebrochen, aber die innere »Machbarkeitsstudie« ins Bodenlose gesunken.

Ich kann mich nur noch mit einer »Schauen wir mal, was da kommt«-Haltung halbwegs motivieren.

Zurück in Polur schließen wir Bekanntschaft mit unserem neuen Bergführer: Hossein, *The Great*, wie ich ihn später nennen sollte. Ein junger, sehr unbedarfter, iranischer *mountainrunner*, der unsere nächste Akklimatisationstour auf den 4250 Meter hohen Doberar mit absurden Witzen in schlecht verständlichem Englisch, plötzlichen Lustschreien und wilden Talfahrten spickt. Vertrauenswürdig ist etwas anderes, und ob er die Lawinensituation wirklich im Blick hat, zweifeln wir an. Dafür ist er unterhaltsam und versprüht Leichtigkeit, die den flauen Respekt vor dem großen Aufstieg kurzzeitig verflogen macht.

Die Wettersituation scheint sich tatsächlich zu bessern, und ich plädiere für einen Ruhetag, bevor wir uns an den Gipfel der Gipfel heranwagen. Meine Bitte wird lässig umgangen, und Hossein schreit uns frühmorgens regelrecht aus dem Schlafsack. Mein Begleiter winkt gleich ab: Er würde maximal auf die, übertrieben genannt, »Hütte« gehen und den Gipfel gar nicht erst versuchen. Ein Dämpfer, den ich selbst abzudämpfen versuche. Somit waren's nur noch zwei: der Draufgänger Hossein und ich. Wir rattern mit dem Jeep zum Registrierungsbüro der iranischen Bergsteigerföderation und schnallen nach circa einer Stunde auf 2800 Metern Höhe die Skier an. Das Wetter ist abermals trüb und ich starte mit sehr gemischten Gefühlen. »Vorbeklemmung« statt Vorfreude.

Nach einigen Stunden erreichen wir Bargah-e-Sevom, auch genannt »Lager 3«. Ein eiskalter, nicht isolierter Verbau (auch Verhau würde es treffen) auf 4200 Metern Höhe. Die darauffolgenden Stunden, von 14 bis 4 Uhr früh, sind nun die längsten und zähesten der »Operation Frostiger Berg« – so heißt der Damavand übersetzt und macht seinem Namen unter die Haut fahrende Ehre. Unter die beißende Kälte mischen sich irrationale Wünsche wie, dass der seit 150 Jahren inaktive Vulkan doch etwas Wärme ausspucken möge. Das Warten, das Frieren, das Nichtstun, gepaart mit einer wachsenden inneren Unruhe ist lähmend, und hier oben fehlen mir sowohl Fantasie als auch Methoden, dagegen anzukämpfen. Eine deutsche Gruppe haucht sich – sichtbar – Witze im eiskalten Raum zu. Ihre gute Laune und ihre scheinbar perfekte Vorbereitung wirken auf mich in dieser Situation unangenehm einschüchternd. Der Gesprächsstoff zwischen uns Dreien beschränkt sich auf »Tea or no tea?« und die unaufhaltsame Antwort auf die Frage »Schaffe ich's oder nicht?« überdeckt jegliche Idee zur Konversation. Der einzig warme Quadratmeter in diesem Milieu wird von den drei iranischen Hüttenwarten okkupiert – sagen wir einmal so: Als frierende Frau hat man es im Iran leichter, wenn man blonde Haare und blaue Augen hat. Sie lassen mich netterweise kurz am Gaskocher teilhaben.

Als Nächstes gilt es, den Widerspruch »In der Höhe soll man viel trinken, aber beim Anblick des Abortes, diesen so wenig wie möglich benutzen«

DAMAVAND, 5671 M

auszutarieren. Da bevorzuge ich, trotz Minusgraden und Sturm, die Freiluftvariante – auch wenn es nicht bei einem einmaligen Vergnügen bleibt.

Vom Frieren im Stehen geht es ins horizontale Frieren. Das Matratzenlager bringt allerlei Geräusche mit sich, die hinter den Minusgraden auf Platz zwei der Schlafstörer rangieren. Das Schlafsack-Marketing hat sein Versprechen nicht eingelöst: Ich rutsche, um meinen in Mumienform verpackten Körper zu durchbluten, hin und her. Gegen Mitternacht siegt die Müdigkeit, und ich nicke ein.

Bevor Hossein um vier Uhr zur Tagwache ruft, bin ich schon die längste Zeit wach. Dazu gesellen sich Bauchkrämpfe und eine bleierne Schwere nach dieser Nacht – kurzum: Ich fühle mich elend und rechne keinesfalls mehr mit so etwas wie einem Gipfelsieg. Nur meine Disziplin lässt mich meine Ausrüstung checken, wortlos einen Tee hineinkippen und eine Stunde später lustlos die Skier anschnallen.

Denn eines möchte ich mir nicht vorwerfen: es nicht versucht zu haben. Die qualvolle Nacht liegt immerhin hinter mir, und ich bin der Möglichkeit, den Damavand zu erklimmen, näher als jemals zuvor. Vor diesem Hintergrund kann ich jetzt nicht einfach unverrichteter Dinge von der Hütte talwärts fahren. Ich muss es zumindest versuchen – auch wenn ein Scheitern derzeit eindeutig plausibler erscheint. Aber ein Scheitern mit vorangegangenem Versuch kann ich eher akzeptieren als ein Spontan-Aufgeben.

Also packe ich meine Bauchkrämpfe mit in den Rucksack und es geht los – zumindest für ein paar »Anstands-Höhenmeter«. Wir gehen der deutschen Gruppe hinterher, die in unseren Augen immer kleiner wird. Das Bild ändert sich hinter der nächsten Bergkuppe, einige Tourengeher fallen zurück. Ich bin überrascht, dass nun ich die bin, die diese überholt und weitergeht. Ein paar Meter noch für einen besseren Ausblick mitnehmen – es ist ein strahlend klarer Tag. Der Aufstieg ist teils steil und pickelhart – ohne Harscheisen unmöglich – und reine Schinderei. Die Luft wird dünner, die Schritte langsamer. In dieser Stimmung kommt die essenzielle Rolle Hosseins zum Tragen: Ich frage ihn, ob ein mir in weiter Ferne ersichtlicher Felsblock der Gipfel ist. Er bejaht und unter Sturmhaube, Skibrille und Hals-Buff breche ich in Tränen aus, und sage zu mir selbst: »Wenn das wirklich der Gipfel ist, dann kann ich es schaffen.« Ich sehe also nun den Berg, der mich ein Jahr »aus der Ferne« begleitet hat, ganz nah vor mir – eine fast surreale Darbietung für das Auge.

Ab diesem Zeitpunkt bin ich »infiziert« für das glückliche, jetzt mögliche Endszenario. Hossein hat mich schlicht angelogen, aber mit dieser Täuschung meine innersten, zugegebenermaßen letzten Kräfte mobilisiert. Unter dünner Luft und unendlicher Anstrengung gehe ich wie in Trance weiter, einfach weiter. Ich kann mir nicht erklären, wie die sechs Stunden des Aufstiegs vergangen sind – es sind nur einzelne Erinnerungsfetzen an den x-ten Energieriegel, an ein Zubodenwerfen in den Pausen und an endlose Selbstgespräche.

Wie durch ein Wunder erreichen wir das Skidepot – für die letzten 250 Höhenmeter zum Gipfel sind Steigeisen nötig. Man kann meinen Fortbewegungsstil in diesem letzten, mühsamsten Abschnitt durchaus als Kriechen oder Zeitlupen-Strapaz bezeichnen. Der Boden schimmert gelb, aus Löchern schießen beißende, stinkende Schwefeldämpfe – vulkanisch eben.

Die deutsche Gruppe kommt uns entgegen und raunt: »Nur noch 15 Minuten.« Diese Ewigkeit später stehe ich plötzlich am Dach Persiens. Ich bin da! Ich küsse den Boden, ich weine, ich danke dem Herrgott und mache einen Jauchzer in Richtung Kaspisches Meer. 360-Grad-Blick über leuchtende Viertausender hinweg, strahlender Sonnenschein und diese unendliche innere Freude und Befreiung.

Ich wusste, dass mein Wille eisern ist, und in diesem Fall hat mich wirklich das Verschieben meiner psychischen und physischen Grenzen auf den Berg manövriert.

Ich nehme mir selbst das Gelübde ab: »Ich habe das schier Unmögliche geschafft. Ich werde ab nun alles, was ich mir vornehme, schaffen können.« Es ist ein Gipfelsieg, dessen Intensität ich noch nie erlebt habe – weil er so viel mehr in sich birgt. Es mag sein, dass manche diesen Berg ohne jede größere Anstrengung packen – für mich ist es ein Schicksalsberg, der meine Fähigkeiten und Möglichkeiten völlig neu einordnet. Aber es ist auch meine Unbedarftheit, die mich über mich hinauswachsen hat lassen. Nicht alle haben mir den Berg zugetraut, aber ich bin einfach losgegangen, anstatt mich in »vernünftige Unmöglichkeitsszenarien« zu verwickeln. Ich bin eben schlichtweg anders gestrickt und orientiere mich gerne an kleinen Schlupflöchern, die rund um jede Möglichkeit bestehen.

Ein bisschen erinnert mich meine Aktion an die Legende vom tauben Frosch: Eines Tages entschied sich eine Gruppe Frösche, einen besonders schwierigen Wettlauf auf einen senkrechten Turm hinauf zu veranstalten. Rundherum rieten ihnen alle davon ab und bekundeten die Unmöglichkeit des Vorhabens. Nur ein Frosch erreichte tatsächlich die ferne Turmspitze, und als ihn die Untengebliebenen befragen wollten, wie er das gemacht hatte, bemerkten sie, dass er taub war.

Das »Berg Heil« ist allerdings noch nicht das »Tal Heil« – wir machen uns zum fast 3000 Höhenmeter langen Abstieg beziehungsweise zur Abfahrt auf. Einen aus der deutschen Gruppe erwischt es besonders schlimm: Seine Bindung bricht kurz unter dem Gipfel, und er muss die Strecke in tiefem Schnee zu Fuß zurücklegen. Meine Kraftreserven sind längst erschöpft. Mühselig überwinde ich den wahrlich nicht guten Schnee, und muss jedes Mal nach wenigen Bögen pausieren. Endlich: Bargah-e-Sevom in Sicht und Matthias, der bereits auf der Terrasse auf mich wartet, was mich sehr freut. Ich schwinge mit den geschrienen Worten: »Ich bin eine Leiche! Dafür eine Damavand-Leiche!« ab. Eine schnelle Instant-

Suppe und wir fahren weiter Richtung Tal. Unten genieße ich tatsächlich ein paar Firnschwünge. Das letzte Stück erfolgt mit Skiern am Buckel über Stock und Stein.

Zurück in Polur kann ich vor lauter Aufregung und Nachregung trotz schlafloser Nacht und zwölfstündiger Berg-Action lange nicht einschlafen. Zu überwältigend ist die hinter diesem Bergerlebnis stehende Message. Es ist nicht nur ein Sieg über den Gipfel, sondern ein Sieg über meine eigenen Begrenzungen. Der Wille versetzt also nicht nur Berge, er ermöglicht sie!

Am nächsten Tag fliegen wir nach Österreich zurück. Leider Gottes ist alles, was danach aus dem Iran zu uns durchdringt, von mich traurig stimmender Schwere. Einem monatelangen Kräftemessen zwischen den USA und dem Iran – man bezichtigt den jeweils anderen des Atomprogramm-Ausstieges mit gegenseitigen Pseudo-Kriegserklärungen – folgt der Abschuss einer ukrainischen Passagiermaschine. Krieg steht im Raum. Danach dominiert die Ermordung des Generals Soleimani die Schlagzeilen. Immense Unruhen brechen im Land aus – rückt eine Ablösung des Regimes in unmittelbare Reichweite? Die Negativ-Krönung bilden der massive Ausbruch des Corona-Virus im Iran und die Streichung sämtlicher Flüge dorthin.

Ich habe einen anderen Iran kennengelernt als den, über den wir lesen. Ich werde wieder dorthin zurückkehren und kann jeden ermutigen, diesen unfassbaren Reichtum, oben wie unten, innen wie außen, mit eigenen Augen zu erleben und mit einem Volk Bekanntschaft zu schließen, das die mediale Wahrnehmung des Westens, mit seiner überbordenden Warmherzigkeit und neugierigen Offenheit, große Lügen straft. Oder wie es ein Iraner, dem ich begegnet bin *in a nutshell* ausdrückte: »Wir sind keine schlechten Menschen, wir sind nicht wie unsere Regierung.«

Niemand kann besser auf den Punkt bringen als der iranische Dichter und Mystiker Hafis, was der Iran und dieses Bergerlebnis in meinem Leben auf immer und ewig manifestiert haben:

»Du bist deine eigene Grenze, erhebe dich darüber.«
HAFIS

PROFI-
SPORTKLETTERIN

ANGY
EITER

ABSCHALTEN – AUFTANKEN

Die Sonnenstrahlen durchdringen das Fenster und bringen helles, warmes Licht in mein Zimmer. Das scheint den Vögeln zu gefallen, deren freudvolles Zwitschern ich belausche. Was für ein schöner Weckdienst. Gut gelaunt und ausgeruht starte ich mit frischer Energie in den Tag.

Ich marschiere mit großen Schritten und einem Lächeln im Gesicht in die Küche. »Sich Zeit nehmen für ein ausgewogenes Frühstück«, lautet die heutige Devise. Dabei genieße ich die Musik im Hintergrund, esse achtsam mein Müsli und trinke dazu Tee und Kaffee. Ich will den Moment genießen, in dem ich nicht hastig, sondern geduldig an meinem Tisch sitze. Zu oft nehme ich mir kaum Zeit, richtig zu kauen, da die Arbeit drängt. Heute jedoch soll es anders sein: Ich habe mir vorgenommen, einen gemütlichen Tag zu verbringen.

In letzter Zeit hatte ich beruflich viel Stress. In meinem Unternehmen K3-Climbing leite ich mehrere Kletterkurse pro Woche. Begleitend dazu organisiere ich Veranstaltungen wie Produktshootings, Presseauftritte oder Kletterprojekte mit meinen Kooperationspartnern Red Bull, Imst Tourismus, La Sportiva und Edelrid. Im Grunde gefallen mir diese vielfältigen Aufgaben, allerdings bin ich dabei auch viel am Computer und mit digitalen Medien beschäftigt, wodurch mein Geist kaum zur Ruhe kommt und ich selbst in meiner Freizeit Mühe habe, richtig abzuschalten. Dieses Dilemma kennen heutzutage vermutlich viele Menschen. Durch digitale Medien sind wir alle, beruflich wie privat, jederzeit und überall erreichbar. Gleichzeitig kommt es mir vor, als drehe sich im Zeitalter der Globalisierung alles noch schneller, als hätte der Tag nur mehr 20 statt 24 Stunden und als würde immer noch mehr Leistung von jedem einzelnen von uns erwartet. In dieser hektischen Welt fällt es mir dann oft schwer, auf die Signale meines Körpers zu hören und eine innere Balance zwischen Stress und Erholung zu finden.

Aus diesem Grund möchte ich heute einen Tag in der Natur verbringen, der mir hilft, mein inneres Gleichgewicht wiederherzustellen. Eine gemütliche Bergwanderung mit meinem Vater muss her! Es geht in die Lechtaler Alpen, genauer gesagt ins Muttekopfgebiet. Diese Gegend nutze ich oft zum Erholen, denn das idyllische Bergpanorama dort bietet den perfekten Platz dafür. Es ist ein Ruhegebiet, das mich insbesondere wegen seiner geologischen Einzigartigkeit fasziniert. Der Gesteinsaufbau mit den verschiedenen Schichten aus Konglomerat, Sandstein oder Mergel sowie die berühmten Blockschutteinlagerungen der Blauen Köpfe am Südabhang des Muttekopfes machen das Gebiet zum einmaligen Lehrbeispiel der Sedimentgeologie. Hier kompaktes Konglomerat, da fester Sandstein oder Mergel und dort brüchiger Schiefer oder einfach alles auf einen Haufen gewürfelt. Irre, wie die Natur diese alpine Landschaft bekleidet hat.

Ich freue mich sehr auf diesen Tag mit meinem Vater. Seine Gesellschaft bringt mich in gute Stimmung, und ich teile gerne schöne Momente mit ihm. Er hat eine ruhige Art, und gerade das brauche ich heute. Das gemeinsame Klettern und Wandern sorgt bei mir für Ausgeglichenheit und macht obendrein Spaß. Im Vergleich zu mir ist diese Wanderung für meinen Vater eine Art Aufwärmen, denn für gewöhnlich marschiert er oft weite Strecken in die Bergwelt hinein. Am liebsten hat er Überschreitungen oder Fernwanderwege. Da ist stundenlanges Gehen von mehr als zwölf Stunden keine Seltenheit. Ich gehe gerne wandern, aber diese enorme Ausdauerbelastung wäre für mich konditionell undenkbar. Abgesehen von der körperlichen Überforderung, würde das auch mein Kopf nicht durchhalten. Die kurze Wanderung von etwa eineinhalb Stunden, die wir heute vorhaben, ist für mich zum Glück noch leicht zu bewältigen. Wir hätten auch direkt ins Alpjoch auf 2050 Meter fahren können. Wir entscheiden uns allerdings bewusst dagegen, da wir ja gerne etwas wandern wollen. Außerdem kommt die Länge des Zustiegs gerade recht, um für das Klettern warm gelaufen zu sein.

Pünktlich um acht Uhr morgens treffe ich meinen Paps an der Talstation Hoch-Imst. Mit einem Rucksack auf dem Buckel steht er am Parkplatz und begrüßt mich mit breitem Grinsen. Er freut sich genauso wie ich auf diese Tour. »Fahren wir zuerst auf die Mittelstation und gehen von dort aus weiter zum Klettergebiet?«, fragt er mich. »Hallo Papa! Ja genau. So machen wir es«, antworte ich. Schon während der Bahnfahrt genieße ich die herrliche Aussicht auf die alpine Kulisse. Liebevolle Almen wechseln mit wilden, steilen Schotterrinnen ab, die zu den Lechtaler Alpen dazugehören. Die Luft ist klar, der Himmel fast wolkenlos, ein nahezu kitschiges Postkartenwetter. Wortlos und beide in Gedanken versunken, strahlen wir mit der Sonne um die Wette, die ihre Fühler kräftig nach uns ausstreckt. Ihr natürliches Licht und die Wärme stimulieren mich positiv. Wälder und Berge sind sowohl für meinen Vater als auch für mich ideale Plätze zum Wohlfühlen und Energietanken.

An der Mittelstation angekommen, wandern wir zunächst die Forststraße und dann den Steig Richtung Muttekopfhütte entlang. Der Aufstieg ist nicht schwer und mit einer halbwegs guten Kondition leicht zu bewältigen. Anders als sonst achte ich diesmal beim Gehen bewusst auf meine Trittfolge. Ich trete sanft auf, und bewege mich ökonomisch fort. Das aufmerksame Tun einer Handlung ist unter dem Begriff »Achtsamkeit« bekannt. Diese mentale Entspannungsübung soll helfen, den Moment im Hier und Jetzt bewusst wahrzunehmen und inneren Frieden zu generieren. Diese Übung ist nicht etwas, das ich einfach beherrschen kann. Nein, Achtsamkeit muss ich ständig üben und in meinen Kopf bringen. Während der Übung muss ich aufpassen, dass ich den Fokus auf den Augenblick nicht verliere, sobald sich andere Gedanken auftun. Aber schon nach kurzer Zeit verliere ich den Faden und muss mich wieder konzentrieren. Unglaublich, wie schwer es mir fällt, nicht an andere Dinge zu denken. Bald ist es die Autotür, die ich vielleicht vergessen habe zuzusperren oder die Wäsche, die ich heute noch erledigen soll. Ich fokussiere mich erneut und obwohl mich diese Achtsamkeitsübung fordert, habe ich Spaß dabei. Nach einer Weile kehre ich dann von meiner inneren Vorstellung in die Außenwelt: Ich rieche die Pflanzen, sehe die Farbenpracht der Natur und höre die Laute der Insekten und das Rauschen des Windes. Diese achtsame Fortbewegung ermöglicht mir, den gegenwärtigen Moment intensiv zu erleben, und so erhoffe ich mir, abzuschalten und Alltagsdinge sowie die Arbeit beiseitezuschieben. Auf diese Weise wandere ich vor mich hin und folge meinem Takt, während mein Vater seinem eigenen Rhythmus folgt.

Als wir an der Muttekopfhütte vorbeispazieren, sehen wir schon den Klettergarten, er liegt nämlich direkt über ihr. Die gelblichen, kompakten und löchrigen Wandstrukturen stechen bereits aus dem Blickfeld hervor. Der Fels besteht zum einen Teil aus dunklem Konglomerat, zum anderen aus hellem Kalkgestein. Die Mischung der Farben und die unterschiedlichen Formen der Felsen von runden Bäuchen bis hin zu aalglatten, ausladenden Wandteilen gefallen mir optisch sehr gut. Auch klettertechnisch ist das sehr reizvoll. Die Routen sind um die 15 bis 20 Meter lang und verfügen über einen guten Sicherheitsstandard mit modernen Bohrhaken. Das Anspruchsvollste an dieser Kletterei ist für mich die Routenfindung, denn magnesiumgefüllte Löcher, die mir den Weg nach oben zeigen, gibt es hier nicht. Richtiges Onsight-Klettern hat hier noch Tradition, und allein bei diesem Gedanken spüre ich schon einen kribbelnden Reiz in den Unterarmen. Mein unbändiger Kletterhunger fordert mich auf, loszulegen. Jedoch nicht, um das maximale Ergebnis zu erreichen – ich setze mich ganz bewusst nicht unter Leistungsdruck, sondern möchte den Tag so erleben, wie er kommt. Insofern wähle ich jenes Gelände, das meinem aktuellen Zustand entspricht. Ich achte also auf meine körperliche und geistige Verfassung, denn die sagt mir genau, was heute möglich ist.

Klettern ist eine gute Möglichkeit, um abzuschalten, und hält das Gehirn trotzdem auf Trab. Im Vergleich zum Wandern fällt es mir hier leichter, mich auf den Augenblick zu konzentrieren. Druckfreies Klettern hat sich für mich immer schon als optimale Möglichkeit zum Abschalten bewährt, da ich dabei stets mit den Bewegungsanforderungen der Route beschäftigt bin und so Themen des Alltags daneben keinen Platz haben. Sobald meine Gedanken vom Klettern abschweifen, verliere ich den Weg und komme nicht mehr weiter. Ich muss vorausplanen, welchen Griff ich mit welcher Hand fasse und vor allem auch, wie ich diesen dann halte. Es gibt Löcher, Leisten, Kanten, Dellen oder Aufleger, und diese können wiederum nach unten oder seitlich gedreht sein. Genau dasselbe Spiel geschieht mit meinen Füßen. Auch hier ist ein gutes Kletterauge gefragt, das erkennt, welchen Tritt ich mit welchem Fuß wie antrete, um den nächsten Griff zu erreichen. Um diesem komplexen Rätselknacken noch eines draufzugeben, muss ich zudem erkennen, von welcher Position aus ich die einzelnen Sicherungspunkte einhänge. Der ersehnte Zustand innerer Bewusstheit richtet sich hier quasi automatisch ein.

Während ich mich freudig an meinen Routen austobe, lässt sich mein Vater beim Sichern von der Sonne verwöhnen. Er selber klettert sehr selten Routen in einem Klettergarten. Ihm gefallen Klettersteige mehr. Allerdings macht ihm das Sichern nichts aus. Ganz im Gegenteil, er macht es gern und schaut Kletterern gerne zu.

Somit klettere ich ungezwungen ein paar Routen. Die Griffstrukturen an diesem Felsen sind fast jungfräulich unberührt und daher ziemlich scharfkantig. Die »Transylvania, 7a« gehört für mich zu den abgefahrenen Perlen auf diesem Felsen. Die leicht geneigte glatte Wand mit Wechsel von schwarzen und gelblichen Flächen sticht sofort ins Auge. Die Leisten muss ich ordentlich zukrallen und durchziehen, um die teils weit entfernten Griffe zu erreichen. Der scharfe Fels zwingt mich förmlich dazu. Schon in der vorangegangenen Route, der »Gaudimax, 7c«, musste ich alle Finger benutzen, um die Schmerzen an den abgeschundenen Fingerkuppen gleichmäßig zu verteilen.

Damit ist es erst mal genug für heute, und wir beenden unsere Kletterei. Ich setze mich zu meinem Vater, wir plaudern und genießen den Augenblick.

Wir sind uns einig, dass es der Aufbruch in die Natur und das Draußensein ist, was uns motiviert und Erholung verspricht. Dazu braucht es nicht einmal eine Destination in weiter Ferne. Der ideale Erholungsraum, der frei von jeglicher Hektik ist, liegt vor meiner Nase, nämlich in den heimischen Bergen und Wäldern. Was brauche ich mehr, um glücklich zu sein? Ich persönlich nicht viel, denn materielle Dinge wirken bei mir meist nur als Momentbefriedigung. Von den Erlebnissen beim Sporteln in der Natur hingegen kann ich dauerhaft zehren, da diese begleitend mit positiven Emotionen fest in meinen Gehirnarealen haften bleiben. Somit heißt es für mich: regelmäßig abschalten, die Natur genießen und nette Gespräche mit den Mitmenschen in meinem Leben integrieren, damit ich stressige Zeiten ausgleichen kann.

Am Ende hatte ich tatsächlich recht: Die Natur ist der ideale Erholungsraum, um mich von den psychischen Belastungen des Dauerstresses zu erholen. Ein für mich ausschlaggebendes Indiz war, dass ich während des gesamten Tages nicht ein einziges Mal auf mein Handy geschaut hatte. Fast unglaublich, aber ich spüre, wie mir diese signalfreie Zeit gutgetan hat. Die einzigen elektrischen Strahlungen habe ich an diesem Tag von der Sonne abbekommen, die mir jedoch anstatt Energie zu rauben, sogar Energie schenkt. Ein »natürliches Aufladen« – das auch mal ein Ende nimmt. Wir verfolgen das letzte Funkeln der Sonne und beobachten, wie sie hinter den Bergen verschwindet.

SCHÜLER

CONSTANTIN TISCHNER

UNERWARTETE ABENTEUER

Es war an einem Sonntagmorgen, die Sonne schmeichelte mir mit sanfter Wärme ins Gesicht. Ich stand auf, ging ans Fenster und betrachtete die wunderschönen Bäume, die Blätter, wie sie vom Wind mitgetragen wurden. Den Moment genoss ich sehr, saugte ihn auf und ging dann hinunter, wo meine ganze Familie am Tisch saß und frühstückte. Sie empfingen mich mit einem Lächeln im Gesicht. Ich setzte mich hin und aß ein Honigbrot.

Nach dem gemütlichen Frühstück gingen mein Bruder und ich ins Wohnzimmer und schauten ein wenig fern. Mama und Papa kamen zu uns, um zu sagen, was wir heute unternehmen würden. Gespannt hörten wir zu. Als Papa erzählte, Wandern stünde auf dem Tagesprogramm, war ich enttäuscht. Lorenz und ich demonstrierten, doch trotzdem mussten wir mit.

Was uns ein wenig aufheiterte, war die Tatsache, dass wir zu Mittag grillen würden. Wir zogen uns um und bereiteten alles vor. Papa holte einen großen Rucksack, wo wir alles hineingaben. Das Wichtigste war natürlich ein dünnes Seil und ein Messer, um Pfeil und Bogen zu schnitzen. Wir gingen zum Auto und fuhren etwa zehn Minuten den Berg hoch. Während der Fahrt schaute ich aus dem Fenster und betrachtete die Landschaft Alpbachs.

Wir parkten das Auto, nahmen unseren vollgepackten Rucksack mit und gingen los. Auf dem Weg sahen wir einen in sich zusammengestürzten Stall. Wir gingen weiter durch den Wald. Es war wunderschön. Der Wald nahm ein Ende und alles wurde wieder hell, so wie an Weihnachten, wenn die Tür zum Wohnzimmer aufgeht und man den wunderschönen Christbaum sieht. Papa und Mama gingen voran, und wir watschelten wie kleine Entlein eifrig hinterher.

Papa zeigte uns am Weg kleine trockene Grasbüschel, die wir als Zunder verwenden konnten. Wir sammelten ein paar von ihnen, bis wir schließlich am Grillplatz ankamen. Mein Bruder und ich hatten bereits großen Hunger, also machten wir Feuer. Wir holten Steine, um die Feuerstelle zu sichern. In die Mitte kamen unsere Grasbüschel und darüber dünne Äste, die auch gut brannten. Ich fragte, ob nicht ich das Feuer anzünden könnte. Mich faszinierte, wie etwas in früherer Zeit so lebensnotwendig war und gleichzeitig auch so viel zerstören kann. Ich machte also das Feuer an und legte Holz nach. Natürlich brauchten wir auch Stöcke, um die Würstel aufspießen zu können. Nachdem wir die Stöcke mit dem Messer gespitzt hatten, steckte Mama mir ein Würstel drauf und ich fing an zu grillen. Das Feuer loderte wie wild. Nach ein paar Minuten war mein Würstel fertig. Es hatte eine schöne braune Kruste und war von innen perfekt heiß. Ich nahm mir ein Brot, steckte das Würstel hinein, Ketchup darüber und »mmmmmmh«: einfach nur lecker. Alle zusammen genossen wir voller Zufriedenheit unsere Stärkung und blickten in das warme Feuer, das in den schönsten Gelb- und Orangetönen brannte.

Nachdem wir alle gegessen hatten, legten wir uns noch ein bisschen in das noch immer warme Gras. Ein leichter Windhauch wehte über meine Nasenspitze. Die Grashalme und der Boden massierten meinen Rücken. Ich sah nach oben und die Sonne kitzelte meine Sommersprossen. Es war so warm und so gemütlich. Mit vollem Magen dachte ich ein bisschen über mein Leben nach, wie gut es mir ging, hier zu sein und so eine tolle Familie zu haben.

Die anderen schliefen. Ich ging ein bisschen weg von ihnen und entdeckte einen eher schwer zu findenden Ort. Ich sah die großen Berge um mich herum, die fast unbezwingbaren Felswände und ein bisschen Schnee, der langsam vor sich hinschmolz. Ich spürte etwas Besonderes: Es war das Gefühl von Geborgenheit und Gemütlichkeit – auch wenn rings um mich herum steile Felswände ragten, fühlte ich mich sicher. Die Vögel zwitscherten und es roch nach Gras, Latschen und Heidekraut. Der Blick vor mir war atemberaubend. In der Ferne sah ich einen Bussard, der um die Gipfel kreiste und eine unschuldige Maus suchte, um sie zu verspeisen. Plötzlich fiel mir ein, dass ich zuerst nicht wandern gehen wollte, doch in diesem Moment war ich so froh, hier oben zu sein. Die Berge sind etwas Besonderes für mich geworden und ein Teil von mir. Mit diesem Gedanken ging ich zurück zu meiner Familie und weckte meinen Bruder, Mama und Papa.

Lorenz und ich bastelten jetzt Pfeil und Bogen mit Papa. Er erzählte uns währenddessen, dass im Zweiten Weltkrieg, hier am Hösljoch, ein amerikanischer Bomber am 23. Dezember 1944 abgestürzt war. Man weiß, dass der Pilot überlebt hat, und es gibt sogar noch Zeitzeugen dieses Absturzes. Danach versteckten wir uns mit unseren Bögen am Felsen. Wir fühlten uns eins mit dem Berg, dachten an die Soldaten im Zweiten Weltkrieg und fragten uns, wie es möglich war, dass so viel Leid passieren konnte. Nach dem Spielen gingen wir weiter, um noch mehr Spaß zu haben. Die Berge waren uns sehr vertraut geworden.

Nach kurzem Weiterwandern sahen wir kleinere Eisenteile herumliegen, die ich sammelte. Ich lief wie wild herum und fand immer mehr Dinge, wie beispielsweise Hüllen von Patronen. Dann fand Papa einen großen Kühler, er war verrostet, das war klar nach so vielen Jahren. Nach reichem Fund fragte ich Mama und Papa, ob wir schön langsam aufbrechen könnten. Also gingen wir total müde zum Auto und schauten der Sonne zu, wie sie sich langsam hinter den Gipfeln versteckte. Ich schlief auf dem Heimweg ein und träumte vom tollen Bergerlebnis. Daheim fand ich, dass Wandern doch nicht so blöd war, wie ich immer gedacht hatte. Zusammen mit der Familie ist es »wie Balsam für die Seele«, wie meine Religionslehrerin sagen würde.

Ein toller Tag ging zu Ende, ich schlief hundemüde in meinem Bett ein und träumte von einer weiteren Bergwanderung.

TV-JOURNALISTIN

BARBARA STÖCKL

DIAMANT

Drei Uhr morgens Tagwache – das ist echt nicht meine Zeit. Ich liebe es, morgens zu schlafen, mir noch einmal Kopfpolster und Decke über die Nase zu ziehen und mich meinen Schlaf- oder auch Wachträumen hinzugeben. Aber heute ist Sonnenaufgangswandern angesagt, und das soll ein ganz besonderes Erlebnis sein. So füge ich mich dem Läuten des Weckers, auch wenn es mitten in der Nacht ist, finde gähnend meine am Vorabend zurechtgelegten Sachen und mache mich fertig. Müdigkeit und freudvolle Erwartung mischen sich zu einer Art Anspannung, einer Stimmung, wie man sie von Urlaubscharterflügen kennt, wenn man sich unausgeschlafen auf den Weg in die Ferne macht. Müdigkeit, Anspannung, freudvolle Erwartung. Den Rucksack habe ich schon gepackt, Teeflasche, Regenjacke, Pullover, nur das Nötigste. Unser Bergführer Paul hat alles vorbereitet. Wenn er dabei ist, fühlt man sich sicher und geborgen und hat die Gewissheit, dass er ohnedies an alles gedacht hat, was unsereiner vielleicht vergessen haben könnte. Mit dem Jeep geht es zur Alm, die der Ausgangspunkt unserer Wanderung ist.

Wie finster die Nacht in den Bergen ist, wird mir in diesem Moment klar. Ganz anders als in der Stadt, wo immer ein Licht, eine Reklame, ein Scheinwerfer leuchtet. Hier ist es dunkel. Nachtschwarz. Es ist kein Gefühl von Angst, aber doch von Beklommenheit, das mich auf unserer Fahrt begleitet. Ich bin »Städterin«, es ist nicht »mein Revier«, und ich habe vor den Bergen großen Respekt! Schon bald heißt es »Endstation, alle aussteigen!«

Zunächst einmal gilt es, die Stirnlampen zu befestigen und einzuschalten, damit sich jeder selbst seinen Weg leuchten kann. Die Schritte müde, der Atem sichtbar, an diesem kühlen Morgen Anfang August in den Stubaier Alpen. Der Tross setzt sich in Bewegung. Langsam. Schritt für Schritt. Einatmen. Ein Schritt. Ausatmen. Der nächste Schritt. Um diese Uhrzeit ist es nicht nur ganz finster, sondern auch total still. Man hört keine Geräusche, zum Beispiel von Tieren, die hier unterwegs sind. Auch keinen entfernten Straßenlärm. Nur den Atem meines Vorder- und Hintermannes. Einatmen. Ausatmen. Schritt für Schritt die erste Anhöhe hinauf. Nur nicht zu schnell. Auf den ersten Metern rast der Puls in die Höhe, bevor er sich langsam beruhigt und einen gleichmäßigen Rhythmus vorgibt. Einatmen. Ausatmen. Noch ein Schritt. Der Schein der Lampe weist uns den Weg durch die noch finstere Berglandschaft. Durch das regelmäßige Atmen beruhigen sich langsam auch meine Gedanken. *Drop the thought* – Gedanken einfach weiterziehen lassen. Wie oft mühe ich mich damit im Alltag ab, wenn der Kopf voll ist von Sorgen, Fragen, Herausforderungen. Wenn alles »jetzt gleich« gelöst werden soll. Was ohnehin nicht gelingt und das Leben nicht besser macht. Wenn der »Gedankenbrei« klebrig und schwer ist. Einatmen. Ausatmen. Ich spüre den kalten Luftstrom in der Nase, im Hals, bis in die Lunge. Die Gedanken kommen und gehen. Nach etwa zwei Stunden Gehzeit haben wir die erste Anhöhe erreicht. Es ist noch kalt an diesem frühen Morgen, innerlich ist mir aber schon warm, ich schwitze bereits leicht. Die Augen sind immer noch schwer und müde, aber voller Vorfreude auf den bevorstehenden Sonnenaufgang.

Ich habe schon einige Sonnenaufgänge erlebt, meist nach durchgearbeiteten Nächten, wenn es galt, Fernsehbeiträge und Sendungen fertigzustellen. Bis Mitternacht geht es meist noch ganz gut, um vier Uhr früh dann ein Einbruch, alles wird langsam, schläfrig und schwer. Die Stunde danach dann eigenartig high, adrenalingetränkt. Wenn du dann den Schneideraum verlässt, hinausgehst in den Tag, bettschwer ins Auto steigst, nach Hause fährst, während für alle anderen gerade der Tag erwacht und sie im Frühverkehr zur Arbeit stauen. Sonnenaufgänge tauchen die Stadt in ein besonderes Licht, schaffen eine besondere Stimmung. Urbane Poesie in Asphalt, Beton, Glas und Stahl.

Aber das hier ist etwas ganz anderes. Rund um mich die Dreitausender der Stubaier Bergwelt, bis nach Südtirol wird man heute sehen. Im Moment noch wie ein scharfer Scherenschnitt zeigt sich das weite Bergpanorama. Während unseres Aufstiegs beginnt es zu dämmern, die Dunkelheit der Nacht weicht einer blauen Stunde, die sowohl die nähere als auch weitere Umgebung bereits erahnen lässt und den Blick ins Tal eröffnet.

Der Aufstieg auf einen Berg ist ja immer wieder symbolhaft für das Fortschreiten des eigenen Lebens. Mit jedem Schritt wird es beschwerlicher, aber die Aussicht, der Überblick wird größer, weiter. Ich blicke von oben auf diese faszinierende Welt, die in verschwommenen Umrissen um mich liegt. Unter mir Nebelschwaden, wie Wattebausche, die der Landschaft eine ganz eigene Form geben. Ein bezauberndes, unwirkliches Naturschauspiel. Bergwände um uns wie mächtige Denkmale aus einer Zeit, die Millionen Jahre zurückliegt, die es schon lange vor uns gegeben hat und lange nach uns geben wird. Von hier oben ist diese Welt eine andere, von hier aus gesehen scheint vieles klarer. Wer dieses Kunstwerk erschaffen hat, war genialer als der beste Bildhauer, besessener als der fantastischste Komponist, exakter als der berühmteste Dirigent, farbenfroher als der gewagteste Maler. Kleine Bäche ziehen wie Adern durch die Landschaft, Almen, Wiesen und Wälder liegen wie samtige, weiche Decken, abschattiert in grünen, gelben und braunen Pastelltönen, um uns herum. Hellgrün, dunkelgrün, grasgrün, smaragdgrün, apfelgrün, lindgrün, flaschengrün, tannengrün, zitronengrün, olivgrün, und Tausende mehr! Ein kleiner Bergsee wie ein Spiegel für den Himmel. Die erwachende Natur bietet einen unvergleichlichen Anblick.

Weiter gehen. Einatmen. Ausatmen. Die Luft ist noch kalt zu dieser Stunde. Sonst habe ich es ja nicht so mit dem Atmen. Das »bewusste« Atmen fällt mir oft schwer, bei Atemübungen bei Meditations- oder

Yogakursen regt sich regelrecht Widerstand in mir! Dabei trägt uns die Atmung durch das Leben, ist immer da, bei Tag und bei Nacht. Es gibt nichts Selbstverständlicheres – und nichts Lebenswichtigeres für uns! Wer nicht mehr atmet, hört auf zu leben. Während des Aufstiegs hier am Berg übe ich, konzentriere mich auf einen gleichmäßigen Luftstrom, auf Ein- und Ausatmen. Vielleicht ist gar nicht alles in meinem Leben so selbstverständlich, wie ich meine? »Dankbarkeit heißt, sensibel zu bleiben für die Nicht-Selbstverständlichkeiten im Leben«, hat mir Pater Georg Sporschill einmal mitgegeben. Geliebt zu werden und zu lieben, einen erfüllenden Beruf zu haben, Familie, Freunde, Gesundheit, keine finanziellen Sorgen, hier auf den Berg zu wandern, an einem so wunderbaren Ort, in einem Land, in dem es Wald und Wasser, Reichtum, Talent und Frieden gibt. Und gute, reine Luft. Alles nicht selbstverständlich. Einatmen. Ausatmen. Es geht schon leichter.

Die Wanderung macht mich nachdenklich, klar und zufrieden, bringt mich »ins Reine«. Immer wieder treffe ich Menschen, die mit ihrem Leben irgendwie unglücklich sind. Nicht so das richtige Unglück, das große, schwere, schmerzhafte. Sondern das Unglück, das man zu spüren glaubt, wenn das Glück gerade Pause macht. Sie sind gesund, aber irgendetwas zwickt halt immer. Sie haben Kinder, die laut, lebhaft, voller Kraft und Ideen, die fordernd sind – aber auch Ärger mit diesen Kindern. Sie sind schön, aber nicht so schön, wie sie gerne wären. Der Bauch zu groß, die Brust zu klein, die Hüften zu breit. Sie haben einen Beruf, aber da geht auch nicht alles so, wie sie sich das vorgestellt haben. Sie werden geliebt, aber nicht genug. Ganz normale Menschen also, die grundlos unglücklich sind. Manchmal gehöre ich wohl selbst dazu.

Und dann wandere ich hier in den Sonnenaufgang und spüre bis in die Zehenspitzen, dass ich lebe. Von hier aus ist alles klein und überschaubar, sodass man nicht umhinkommt, zu begreifen, dass es tatsächlich in unserer Hand liegt, was mit dieser Erde weiterhin passieren wird! Vor mir das unglaubliche Naturschauspiel, in mir ein tiefes Gefühl von Ehrfurcht, Respekt und großer Dankbarkeit für dieses Erlebnis. Gespanntes Warten auf den Moment, wo sich Tag und Nacht berühren. Am Bergkamm kann man das helle Leuchten, den Versuch der Sonne, sich ihr Reich zu erobern, schon erahnen. Orangefarbenes Licht, rot, rosa, blau, violett, alle Farben glitzern in diesen Minuten. Und doch lässt sie noch auf sich warten!

Als wüsste ich es nicht besser – denn der Moment lässt sich nicht festhalten –, suche ich nach meinem Handy, um ein Foto dieser Berglandschaft zu machen. Die Mails von gestern scheinen auf, hier und heute gibt es keinen Empfang mehr. Ich bin nicht mehr »verbunden« mit der schnellen, lauten Welt da draußen. Und doch gibt es eine ganz andere »Verbundenheit«, nach innen, nach oben, nach dem, was über uns ist. Hier in den Bergen scheint alles so klar, von der »Einfachheit« in den Bergen wird oft gesprochen. Ich spüre es. Das Gefühl, dass alles da ist, was du brauchst. Dass immer für dich gesorgt ist. Und dass das nicht selbstverständlich ist. Dieses tiefe Gefühl empfinde ich im Wald und in den Bergen. Alles ist gut. Jetzt. Kein Foto. Momentaufnahme im Herzen.

Und dann sticht ein erster Sonnenstrahl über den Berg, so scharf, so klar, so fein wie die Nadel eines Diamanten. Und dann noch einer, und der nächste. Es geht jetzt ganz schnell, der runde, satte, volle, glühende Ball erhebt sich am Horizont und wird so kräftig, dass wir die Augen schließen müssen vor diesem Wunder.

»Sonnenaufgang kommt unaufgefordert und kann uns daran erinnern, dass jeder Tag ein Geschenk ist. Nicht wir führen ihn herbei. Das Licht wird uns gegeben. Jeden Morgen wird die Welt neu geboren und bringt uns eine Zeit voller neuer Gelegenheiten. Auch wenn die Schwierigkeiten dieselben sind wie gestern, so können wir sie doch ganz neu anpacken.«
BRUDER DAVID STEINDL-RAST

Der Tag beginnt. Das Herz ist voll. So fühlt es sich an, das grundlose Glück!

BUNDESKANZLER
VON ÖSTERREICH A.D.

WOLFGANG SCHÜSSEL

DRAMA UM KORA UND KAILASH

*»Ein Schwarm von Vögeln
hohen Flugs entschwunden.
Verwaiste Wolke, die gemach entwich.
Wir haben keinen Überdruss empfunden,
einander anzusehen,
der Berg und ich.«*
LI TAI PO

Am Anfang stand ein Traum. Immer schon wollte ich einmal im Leben den Kailash sehen. Dieser fast 7000 Meter hohe Berg ist ein spiritueller Kraftort für viele Gläubige. Die Tibeter nennen ihn Gangs Rin Po Che, was »Großes Schneejuwel« bedeutet. Im Jainismus heißt er Astapada, der »Achtfüßler«. Die Bön-Anhänger sprechen vom Yundrung Gutseg und die Hindus bezeichnen diesen König der Berge als Meru, der das Himmelreich und die Erde verbindet. Meru ist der Nabel der Welt und die Quelle des Lebens. Dort entspringen die vier Flüsse, die überall, wohin sie strömen, Überfluss bringen.

Und tatsächlich entspringen auf dem tibetischen Hochland die bedeutendsten Ströme des indischen Subkontinents, wohl mit ein Grund für das massive geostrategische Interesse der Volksrepublik China: im Norden der Indus, im Osten der Brahmaputra, im Westen Satluj, der wichtigste Zufluss des Indus, und im Süden der Karnali, der den Ganges speist. Der Legende nach fand hier um 1100 ein Wettkampf zwischen Yogi Milarepa und seinem Bön-Kontrahenten Naro Bönchung statt. Milarepa überholte, auf einem Sonnenstrahl sitzend, seinen Widersacher und erreichte als Erster den Gipfel. Der auf seiner Trommel reitende Naro erschrak so sehr, dass er seine Trommel fallen ließ. Diese tiefe Kerbe am Berghang sieht man bis heute. Auch die Quernarben des Kailash haben eine Bedeutung. Der Sage nach entstanden sie durch Seile, welche böse Dämonen verwendeten, um den heiligen Berg nach Sri Lanka zu tragen. Buddha persönlich soll dies verhindert haben. Seine Fußabdrücke sollen daher immer noch zu sehen sein.

Doch genug der Legenden, hinein in die Realität.

Als Abgeordneter und Wirtschaftsminister hatte ich China einige Male besucht und konnte als erster EU-Außenminister 1998 und später sogar als Bundeskanzler nach Tibet reisen. Die Reise zum 1600 Kilometer von Lhasa entfernten Kailash hatte bis zu diesem Zeitpunkt noch nicht geklappt.

Nach meinem Ausscheiden aus der Regierung unternehme ich 2009 einen erneuten Anlauf mit meiner Tochter Nina und einigen Freunden: Linde aus der Steiermark, Burgi aus Salzburg, dem Mönch P. Severin aus Seckau und zwei alten Weggefährten, Peter 1 und Peter 2. Der Tiroler Stefan nimmt uns als Bergführer unter seine Fittiche.

Anreise über Kathmandu, Nepal. Vervollständigung der Ausrüstung. Mit einem Linienflug nach Simikot. Von dort aus eine langsame Akklimatisierung bis hin zum Nara-Lagna-Pass auf 4600 Metern Höhe.

KAILASH, 6638 M

Doch halt, das erste Hindernis: Schwere Unwetter hatten Überschwemmungen, massive Erdrutsche und gewaltige Schneefälle und Lawinenabgänge in den Bergen ausgelöst. Wir warten einige Tage und peilen dann in einem gecharterten Kleinflugzeug auf eigenes Risiko Simikot an. Der Anflug entlang des mit frischem Schnee bedeckten Himalaja-Südkamms bietet ein unglaubliches Panorama: Majestätisch durchbrechen dort der Manaslu, dann der Annapurna und zuletzt der Dhaulagiri die Wolken. Besorgt blicken wir auf eine senkrecht aufragende Felswand, die wir direkt ansteuern und die erst in letzter Sekunde den Blick auf eine sandige Naturlandebahn freigibt.

Fünf wunderschöne Tage folgen, ausgefüllt mit sanft ansteigenden, meditativen Wanderungen, dem abendlichen Aufstellen der Zelte, einfacher nepalesischer Küche, Diskussionen, Gesang. Eine Gitarre darf bei unseren Wanderungen nie fehlen. P. Severin fordert uns jeden Abend mit buddhistischen und hinduistischen Erzählungen und Gedanken heraus. In den Canyons sind Steinstufen in jahrhundertelanger Arbeit in den Felsen geschlagen worden.

Endlich haben wir den Nara-Lagna-Pass erreicht. Die schweren Schneefälle hatten ihn tagelang unpassierbar gemacht. Wir dürften die erste Gruppe sein, die die Querung unternimmt. Jeder von uns spürt die Höhe und ahnt die Gefahr, die von Hangrutschungen und Schneebrettern jederzeit ausgehen kann. Uns kommen dutzende Schafe entgegen, die von Hilsa, dem Grenzort zu China, den Weg nach

Nepal nehmen. Jedes Tier ist schwer beladen mit Säcken voll Reis, Salz oder anderen Gewürzen. Unser Vorteil: Der Weg fällt von nun an wesentlich leichter, weil er von den Schafen bereits breitgetreten ist. Der steile Abstieg nach Hilsa ist atemberaubend. Von dort aus bringen uns chinesische Begleiter mit Geländeautos zum Manasarovar, dem höchstgelegenen Süßwassersee auf 4600 Metern Höhe. *Manas* heißt »Geist«, *Sarovar* bedeutet »See«. Laut hinduistischer Tradition schuf Brahma diesen heiligen See für seine Meditationen. Er saß hier durch viele Zeitalter hindurch. Einst soll hier auch die ganze Welt erschaffen worden sein. Wer darin badet, tilgt alle Schuld, Leid und Krankheit. Bei fünf Grad Lufttemperatur verzichten wir allerdings auf diese Erfahrung. Ein paar Kilometer entfernt gibt es einen »Dämonensee«, den La'nga Co, einen Salzwassersee.

Schon der erste Blick auf den 20 Kilometer entfernten Kailash ist bewegend und erklärt die spirituelle Faszination, die dieser Berg seit Jahrhunderten ausstrahlt. Weiß schimmert seine gewaltige Schulter über den anderen Bergen. Die klare Höhenluft lässt alle Farben strahlen und hebt die Konturen deutlich hervor. Weiter geht es nach Darchen, ein kleines und ärmliches Dorf am Fuß dieses Kolosses. Kaum angekommen, erscheinen schon tibetische Frauen aller Altersstufen, um uns ihren selbst gefertigten Schmuck anzubieten – wunderschöne Arbeiten zu einem mehr als günstigen Preis.

Und dann soll es endlich losgehen. Allerdings nur mit geschrumpfter Mann-/Frauschaft. Einer

SEE MANASAROVAR

leidet unter einer Harnwegsentzündung, der zweite ist schwer verkühlt und P. Severin möchte als Beistand bei ihnen bleiben. Also marschieren die drei Frauen und ich unter Stefans Führung und einige Trägerinnen los. Überall liegt Schnee, der mit steigender Höhe auf einen Meter anwächst. Gerade sind wir auf halber Strecke der Kora, dem Pilgerweg um den Berg Kailash, angekommen. Ein märchenhafter Anblick. Der riesige Vollmond lässt die Schneefelder des heiligen Berges Kailash nächtlich aufleuchten. In einer Jurte drängen wir uns um das Feuer. Draußen hat es gefühlte minus 20 Grad, hier drinnen ist es dank einem mit Yak-Dung geheizten Ofen kuschelig warm. Ein Hirte, Sirdar, beginnt plötzlich, leise Bass- und Obertöne mischend, zu singen, sich meditativ mit dem buddhistischen Gesang wiegend. Wir atmen kaum, ein unwirklich schöner Moment.

Spät in der Nacht rumoren meine Eingeweide gewaltig, an ein Weiterkommen ist für mich nicht mehr zu denken. Immerhin wartet am nächsten Tag der 5700 Meter hohe Pass, eine Schlüsselstelle. Am Morgen trete ich schweren Herzens den Rückweg an, lasse Tochter Nina und die Bergfreundinnen Linde und Burgi in der Obhut des erfahrenen Tiroler Bergführers Stefan und gehe mit einer Trägerin zurück nach Darchen.

Im Dorf dann der nächste Schlag: Freund Peter und seine beiden Begleiter, die aus gesundheitlichen Gründen zurückgeblieben waren, sind verschwunden. Sie haben nur eine kurze Nachricht hinterlassen: Peter ginge es sehr schlecht, hohes Fieber, mit dem Geländewagen müsse er so rasch wie möglich zurück nach Nepal. Immerhin 800 Kilometer auf unzugänglichen Wegen und Bergstraßen. Ich glaube seither an eine höhere Fügung, die mich zur vorzeitigen Umkehr zwang. Denn zum Glück funktionieren in Tibet überall dort, wo sich eine chinesische Militärstation befindet, auch unsere europäischen Handys. Nach Stunden erreiche ich endlich die abgereisten Freunde am Mobiltelefon: Es bestehe Lebensgefahr, nur eine Notoperation in Kathmandu könne helfen. China dürfe die Bergstraßen trotz massiver Überschwemmungen und Erdrutsche nicht sperren. Und China und Nepal müssten die Grenze abends länger offenhalten, um Peter eine weitere Nacht auf der Straße zu ersparen. Er würde diese möglicherweise nicht überleben. Verzweifelt rufe ich in Wien an. In so einer Notsituation zeigt das österreichische Außenministerium seine Qualität. Generalsekretär Hans Kyrle in Wien und die österreichischen Botschafter für Nepal, Delhi und Peking bringen das Wunder zustande.

Alles klappt. Passstraßen und Grenzen bleiben tatsächlich offen. Wir können jetzt nur noch warten und hoffen. Am Ufer des Manasarovar-Sees beten wir gemeinsam mit der Mädchengruppe nach deren Rückkehr von der Umrundung des Kailash im kleinen Zelt andächtig den Rosenkranz. Es ist bitterkalt. In der Nacht wache ich auf und wundere mich, wieso ich glitzernde Sterne im Zelt erblicken kann. Erst als ich meine verlegte Brille endlich finde, erkenne ich Eiskristalle, die sich an der Decke des kleinen Zeltes gebildet haben.

Am nächsten Tag um 23 Uhr kommt Peter nach stundenlanger, holpriger Fahrt in Kathmandu im Spital an, er wird sofort operiert und überlebt. Seine Ärzte sind übrigens begeistert. Endlich ein Tourist aus dem Westen auf dem OP-Tisch – noch dazu mit einem seltenen Virus, der die Harnwege blockiert und zu einer tödlichen Sepsis geführt hätte.

Der Dramatik nicht genug, erzählen uns die erfolgreichen Kora-Wanderinnen Nina, Linde und Burgi, dass sie beim Abstieg vom Dolma-La-Pass ein schauerlicher Anblick erwartet hatte. Ein erfrorener Pilger lag, bizarr steif gefroren, am Wegrand. Verzweifelt hätte er noch versucht, seine Ausrüstung zu verbrennen, um sich daran zu wärmen. Vergeblich. Heute wäre die Rettung wahrscheinlich einfacher. Seit 2010 gibt es 200 Kilometer vor dem Kailash den Flughafen Ngari-Günsa, von dem aus die asphaltierte Nationalstraße 219 nach Darchen führt. Es besteht die Gefahr, dass eine Fahrpiste entlang des Pilgerwegs entstehen könnte und dass eines Tages vielleicht sogar die Besteigung des Kailash, die unter Beachtung seiner religiösen Bedeutung bislang noch verboten ist, gestattet werden könnte. Auch Darchen hat sich verändert: Es ist größer, chinesischer, touristischer geworden.

Aber mein Glaube an wirkliche Wunder in unserer Zeit und viele Schutzengel um uns, die oft auch menschliche Gestalt annehmen können, ist seit dem Abenteuer am Kailash fest gegründet.

JOURNALISTIN UND
EXPEDITIONSBERGSTEIGERIN

GERTRUDE REINISCH-INDRICH

RUND UM ÖSTERREICH

»*Und am Ende sind es nicht die Jahre in deinem Leben, die zählen. Es ist das Leben in deinen Jahren.*«
ABRAHAM LINCOLN

Bei einem Interview wurde ich 2014 gefragt, was denn zum 20-jährigen Jubiläum unserer Frauenexpedition, die ich geleitet hatte, auf meiner Bucket List – also auf der Liste meiner ultimativen Wünsche, die ich mir noch erfüllen möchte – stünde. Spontan wusste ich keine Antwort, zu viele Bergziele schwirrten mir plötzlich durch den Kopf. Denn ohne alpine »Heldentaten« sollte das Andenken an die erfolgreiche erste österreichische Frauenexpedition auf den Shishapangma, 8046 Meter, in Tibet keineswegs verstreichen. Doch sich in den langen Reihen der Himalaja-Aspiranten anstellen und womöglich eine »Ältestenfrauenerstbesteigung« versuchen? Nein, definitiv keine Flugreisen mehr – dem Klima zuliebe (eine leichte Entscheidung, wenn man eh schon viel in der Weltgeschichte herumgereist ist). Oder sich an multitaskenden Oldies orientieren, die mit der Neugierde verhaltensorigineller Teenager durchs Leben toben? Und in etwa so klingen: »Zum Kranksein hab ich doch überhaupt keine Zeit, bei mir stehen sechs Ordner voller Topos, die ich noch klettern möchte.«

Auch wir sind immer noch mit jenen Frauen in Felswänden und auf hohen Gipfeln unterwegs, mit denen wir seinerzeit am Gletscher gezeltet und persönliche Höhenrekorde aufgestellt haben. Bergsteigen ist unsere »Droge«, und so mancher weniger berg-affine Partner wurde enttäuscht, weil die Liebe zu den Bergen beständiger sein kann als alles andere. Neues entdecken, durch unbekannte Gebiete ziehen, Nomade auf Zeit sein, das Verborgene hinter dem Horizont entdecken, um den eigenen zu erweitern. Man braucht nicht viel zum Leben, wenn man alles selbst auf dem Rücken tragen muss. Dann die zündende Idee: Österreich möglichst auf der Grenze zu seinen acht Nachbarländern zu umrunden. Könnte spannend werden – bei der Vielfalt an Landschaften und der Einsamkeit entlang des ehemals Eisernen Vorhangs. Tagtäglich, bei jedem Wetter in diesem wilden Paradies unterwegs sein, die Natur hautnah erleben und das Leben in unserem Körper spüren.

Ende Mai 2014 radeln wir in Salzburg los und folgen der Staatsgrenze nonstop im Uhrzeigersinn. So nähern wir uns den Bergen des außeralpinen Teils Österreichs. Die teils hochalpine Herausforderung vor der eigenen Haustür nimmt dabei mehr Zeit in Anspruch als jede heutige Expedition, die sich nach dem begrenzten Urlaubskalender richten muss. Durchgehend für vier Monate freizubekommen, schaffen nur Christine Eberl und ich, alle anderen können nur etappenweise mitkommen.

Österreichs Grenze ist größtenteils unverbaut, es gibt viel wilde Landschaft und meist keine Infrastruktur. Die abwechslungsreiche Strecke über

Böhmerwald, Mühl-, Wald- und Weinviertel bis ins Südburgenland und in die Oststeiermark ist völlig neu für uns Alpinisten und spannender, als wir erwartet hatten. Oft sind wir weglos oder auf unmarkierten Steigen unterwegs, weil es die von Google Earth angezeigten Güterwege nicht mehr gibt oder sie irgendwo im Nirwana enden. Die unsichtbaren Linien zwischen den Grenzsteinen sind unser Pfad. Manchmal müssen wir mehrmals täglich über Bäche und diverse Zäune. Ohne Navi würden wir uns nicht zurechtfinden! Doch schon nach knapp einem Monat haben wir die halbe Strecke und vier Grenzländer geschafft (Deutschland, Tschechien, Slowakei, Ungarn) – viel zu schnell, um alle Eindrücke zu verarbeiten.

Ab den Karawanken geht es deutlich langsamer zu Fuß weiter, um Schritt für Schritt den gebirgigen Abschnitt unseres Grenzlandes kennenzulernen. Viele Bereiche sind schwer zugänglich und bleiben erfahrenen Bergsteigern vorbehalten. Das ist auch gut so. Denn beim Erschließen wird auch immer viel Schönes zerstört. Man benötigt Erfahrung und einen klaren Kopf in jeder Situation, denn das wahre Abenteuer beginnt erst, wenn eine Tour unvorhersehbar wird.

ALLEIN AM GEPATSCHFERNER, ÖTZTALER ALPEN

77. Tag: Minus sieben Grad! Heute herrscht tiefster Winter, ein Schneesturm fegt um die Hütte. Die alte Spur über den Gletscher ist verschwunden. Wir hoffen, dass sich das Wetter doch noch beruhigt. Vielleicht möchte dann jemand in unsere Richtung? Die Eintragung ins Hüttenbuch fällt diesmal sehr genau aus, damit man uns notfalls wenigstens findet! Uns ist bewusst, welches Risiko wir eingehen, ganz allein auf dem riesigen, fast ebenen Gletscher. Aber außer uns geht niemand zur Weißkugelhütte. »Super« – nun haben wir genau die Situation, die wir auf jeden Fall vermeiden wollten: zu zweit im Nebel auf dem Gletscher. Es ist so kalt, dass wir alles anziehen, was wir mithaben, auch unsere Schlafbekleidung. Vermummt wie bei einer Himalaja-Expedition steigen wir hinunter aufs Eis, seilen an und machen uns auf ins Whiteout, in die Richtung, die das Navi vorgibt. Ich gehe voran, bin die Leichtere. Christine könnte mich im Falle eines Spaltensturzes eher halten als umgekehrt. Sie folgt am gespannten Seil und starrt auf das Navi, um die Orientierung nicht zu verlieren. Wir sind hoch konzentriert. Zaghaft setze ich einen Fuß vor den anderen, taste mich angespannt Schritt für Schritt voran, richte mich nach irgendwelchen hart gefrorenen Spuren, die ich unter der Neuschneeschicht zu spüren glaube, hoffe, dass die Schneedecke unter mir trägt. Ein Spaltensturz wäre fatal! Das Navi zeigt allerdings weiter nach rechts. Rundherum ist alles weiß. Ich sehe nur meine Schuhe im milchigen Schneetreiben. Verschneite Gletscherspalten und Windgangeln sind nicht auseinanderzuhalten.

Als wir nach Südtirol kommen, reißt es plötzlich auf. Wir erkennen die gewaltige hochalpine Szenerie und die grandiose Weite des Gepatschferners. Nichts als Schnee, Eis und Stille in dieser blendenden, die Sonne reflektierenden, schneeweißen Gletscherwelt, die uns auf allen Seiten umgibt. Christine beginnt zu fotografieren. Ich fürchte, es könnte wieder zuziehen, dränge zum Weitergehen, möchte die Sicht nutzen, um über die Randkluft auf den markierten Richterweg zu gelangen, um endlich in Sicherheit zu sein. Mein Adrenalinbedarf ist für heute mehr als befriedigt. Die vage Spur, der wir folgen, führt direkt in den Eisbruch mit grünlich schimmernden Séracs und Eisbalkonen. Die Landkarte stimmt nicht mehr, weil der Gletscher so abgeschmolzen ist. Wir balancieren über einen schmalen Eisgrat zwischen den Spalten, springen drüber, suchen hin und her. Die Spalten werden breiter, der Gletscher bricht nach unten ab. Hier kommen wir nicht weiter. Für steile Eiskletterei sind wir nicht ausgerüstet. Es hat wieder etwas zugezogen und wir sind kurz ratlos. Plötzlich reißt es wieder auf, wir finden eine geeignete Stelle über die Randkluft zu den Felsen und entdecken weit oben Markierungen. Dort ist der Weg! Gerettet! Auf den Felsen fühlen wir uns weitaus sicherer, auch wenn wir weit hinauf klettern müssen, bis wir den Richterweg erreichen.

Jetzt können wir die großartige Aussicht auf die Weißkugel und die gewaltigen Gletscherbrüche genießen. Kleine Kreuze zwischen den Steinblöcken zeigen, dass auch schon andere diesen Abstieg recht aufregend empfunden haben. Erleichtert atmen wir auf. Die Anspannung weicht einer unbändigen Kraft, die wir in diesem Moment spüren und die uns überall hinbringen wird. Exponiert führt ein schmaler Pfad an steil abbrechenden Gletschermoränen entlang. Die einsame grau-braun-melierte Landschaft erinnert uns an Ladakh und Tibet.

WILDER WESTEN

Seit dem Start Ende Mai in Salzburg bewegten wir uns per Rad und zu Fuß nonstop rund um unser Land. Obwohl wir scheinbar den niederschlagsreichsten Sommer des Jahrhunderts erwischt hatten, gaben wir nicht auf. Denn selbst an den Regen gewöhnt man sich mit der Zeit. Als wir schließlich im September den Bodensee erreichen, liegen 90 Aktivtage, viele überschrittene Gebirgsgruppen und mindestens 2500 Kilometer hinter uns. Ab hier biegt sich die Grenze nach Osten. Wir befinden uns also schon auf dem »Heimweg« und nähern uns dem unbekannten Bregenzerwald, der bis zum Hochtannbergpass reicht. Für viele Ost-Österreicher, wie uns, gilt das Gebiet hinter dem Arlberg als weißer Fleck auf der persönlichen Erlebnis-Landkarte. Denn selbst bei entsprechender Urlaubsplanung ließ uns der Blick auf die Wetterkarte meist schon vor dem Arlberg nach Süden abbiegen. Doch bei unseren Grenzgängen rund um Österreich kann uns der mäßige Wetterbericht nicht von der Erkundung des »exotischen« Teils Österreichs abhalten.

KLEINWALSERTAL – DAS ENDE DER WELT

96. Tag: Beim Frühstück in Rindberg hören wir lautes Glockengebimmel und Getrampel von der Straße. Die Wirtin ruft im Hinauslaufen etwas von »Viehscheid …«. Junge Frauen in Dirndln und Treiber mit Lederhosen rennen mit Hunderten von Kühen vorbei, einige davon tragen große Glocken und schweren Kopfschmuck. Es ist ein eindrucksvolles Spektakel, aber ab jetzt finden wir nur mehr einsame Almen und zertrampelte Wege vor. Der Almabtrieb hat überall seine »Spuren« hinterlassen. Dick klebt der Schlamm an den Sohlen, die Schuhe werden immer schwerer. Das ist kräftezehrend beim steilen Anstieg übers Hirscheck.

Steinadler kreisen über uns, als wir den wenigen Markierungen durch das Karst-Labyrinth des Gottesacker-Plateaus (Friedhof) folgen. Im Zickzack wandern wir zwischen Karren und tiefen Dolinen, über Grate und Felsspalten zur verfallenen Gottesackeralpe und durch Felsgassen zur Schneiderkürenalpe, wo ein Jägerrastplatz aus der Steinzeit entdeckt wurde. Die mehr als 8000 Jahre alten Werkzeuge sind im Walserhaus in Hirschegg ausgestellt. Durch einen Wald gelangen wir nach Riezlern im Kleinwalsertal.

Das Kleinwalsertal gehört zwar zum Bezirk Bregenz, wird aber von den Allgäuer Alpen umschlossen und ist von Österreich nur auf Bergpfaden zu erreichen. Die einzige Straße führt nach Oberstdorf in Bayern. Der Name des Tals stammt von den Walsern, die ab 1270 vom Oberwallis in das schwer zugängliche und nur zur Jagd benutzte Gebiet einwanderten. Die alemannische Herkunft unterscheidet die rund 5000 Kleinwalsertaler bis heute sprachlich von den Bewohnern der umliegenden Gemeinden.

DER MINDELHEIMER KLETTERSTEIG

98. Tag: Nachdem wir gestern die Kleinwalsertaler Grenzschleife entlanggewandert waren, nutzen wir heute die Gratis-Seilbahnauffahrt mit der Gästekarte auf die Kanzelwand, schaukeln über Tannenwipfel, Felsen und Almwiesen hinweg zur Bergstation an der Grenze. In der Ferne erkennen wir Bergkämme des Bregenzerwaldes, die wir schon überschritten haben. Die Gletscher im Süden könnten die Ötztaler sein – Österreich ist hier ja schmal. Der schöne Kammweg über die östliche Kleinwalsertaler Grenzschleife ist nach Anderl Heckmair benannt, dem Erstdurchsteiger der Eiger-Nordwand. Die herbstlich gelb-grüne Wiese mit rot verfärbten Heidel- und Preiselbeerbüschen breitet sich wie ein bunter Teppich aus.

Hannes Bauer, der Präsident des Österreichischen Alpenklubs, und Erich, mein ehemaliger Kollege vom *Alpin*-Magazin, werden uns bei der heutigen Etappe begleiten. Hannes wirkt nach der nächtlichen Anreise aus Wien ziemlich übermüdet. Christine und ich werden unterwegs auf ihn warten, fotografieren und filmen. Das dauert Erich zu lang, er will um 17.30 Uhr in Warth den letzten Bus nach Lindau erreichen. Wir lassen ihn ohne Einwände ziehen, denn er kennt den Klettersteig, ist bergerfahren und hat eine gute Kondition. Zum Abschied ruft er uns noch zu, dass wir uns demnächst auf dem Vorderrhein sehen werden – bei einer Schlauchbootfahrt, wie vor 30 Jahren bei unserem ersten gemeinsamen Bericht für das *Alpin*-Magazin.

Der Mindelheimer Klettersteig verläuft direkt an der Grenze zwischen Österreich und Deutschland. Die Hauptschwierigkeiten erwarten uns gleich zu Beginn am steilen dritten Schafalpenkopf. Am Gipfel höre ich irgendwo Steine kullern und Stimmen, kann aber im grellen Gegenlicht nichts erkennen. Vermutlich kommt das vom zweiten Schafalpenkopf, zu dem wir mithilfe von Eisenklammern und Leitern über einen zerklüfteten Grat auf und ab klettern. Danach gibt es zwar nur wenige Kletterstellen, doch einige ungesicherte Passagen mit atemberaubenden Tiefblicken. Abstürzen kann man hier überall, da darf man sich keinen Fehler erlauben. Zwei junge Leute kommen uns entgegen. »Die werden die Steine losgetreten haben«, denke ich mir. Von Erich ist nichts mehr zu sehen.

Der lange Klettersteig ist einmalig schön angelegt. Achtzig Drahtseile sind fortlaufend nummeriert, damit man bei Unfällen der Bergrettung die genaue Position durchgeben kann. Wir haben erst die Hälfte geschafft und noch 40 Drahtseile vor uns! Allmählich wird es anstrengend, obwohl der Steig nur mit C bewertet ist. Aber die Felsqualität ist bestens und die Aussicht in alle Richtungen traumhaft. Hannes ist immer hinter uns, wir verlieren nie den Blickkontakt. Doch er hängt sich nur bei den schwierigeren Stellen mit dem Klettersteigset ins Drahtseil, damit er schneller ist. Wir sind skeptisch und erinnern ihn öfters ans Einhängen. Am ersten Schafalpenkopf versorgen wir ihn mit allem, was wir noch zu essen und zu trinken haben. Dann geht es in einer steilen Rinne hinunter. Dort steht ein großer dunkler Steinbock völlig bewegungslos wie eine Statue und lässt sich nicht von uns stören.

Nach drei Stunden Kletterei über exponierte Grate müssen wir noch über den felsigen Kemptner Kopf. Um das Gipfelkreuz hängt ein kometenähnlicher Wolkenschweif. Von der Kemptner Scharte geht es extrem steil hinunter ins Kleinwalsertal – Hannes steigt hier zu seinem Auto ab. Wir sprinten auf der deutschen Seite zur Mindelheimer Hütte, wo uns die nette Wirtin wichtige Tipps für die weitere Tour gibt. Nach einer großen Portion Zwetschgenstrudel mit Vanillesoße und viel gespritztem Apfelsaft nehmen wir nicht den kürzesten Weg nach Warth, sondern den grenznächsten und ziehen im Laufschritt zur Koblatscharte hinauf. Im leichten Nieselregen erreichen wir das Haldenwanger Eck, den südlichsten Punkt Deutschlands!

Donnergrollen im Tal, es beginnt zu schütten und alles um uns herum verschwindet hinter einem milchiggrauen Schleier. Wir erkennen nur noch vage die Umrisse der Landschaft und finden nicht gleich über den Gehrner Berg an der Tiroler Grenze. Bei einer kleinen Hütte blitzt plötzlich die untergehende Sonne durch die finsteren Regenwolken. Für einen Augenblick taucht ein Kronenhirsch aus den Latschen auf und springt in die Lichtstrahlen – wie auf den allerkitschigsten Jagdgemälden! Der Abstieg nach Warth ist steil, rutschig und recht unangenehm, wenn man so müde ist wie wir nun. Der Bregenzerwald endet hier oberhalb am Hochtannberg.

Spät abends trifft auch Hannes mit dem Auto in Warth ein und erzählt aufgeregt, dass der steile Abstieg ins Kleinwalsertal recht gefährlich und anstrengend war. Wir sind erleichtert, dass alles gut gegangen ist. Dann ruft Heidi aus Lindau an und fragt, ob Erich bei uns sei. Er hätte sich nicht gemeldet. Wir können uns überhaupt nicht vorstellen, dass etwas passiert sein könnte und versuchen, Heidi zu beruhigen: »Erich hat sicher den Bus versäumt oder der Handy-Akku ist leer oder er hat keinen Empfang.« Heidi meint dazu nur: »Er ruft immer an!« Dann ist die Bergrettung am Telefon und will wissen, wo wir uns von Erich getrennt haben, was er anhatte, wie er ausgerüstet war. Wir grübeln noch lange, weigern uns zu denken, dass Erich abgestürzt sein könnte. In der Früh würde sich bestimmt alles zum Guten auflösen. Doch die Ungewissheit lässt uns nicht schlafen, die Gedanken drehen sich im Kreis, bleiben irgendwo liegen und tauchen wieder auf. Vielleicht ist er verletzt, aber doch nicht tot!

Zeitig in der Früh ruft die Alpinpolizei an und stellt wieder die gleichen Fragen. Nach dem Frühstück kommt ein Beamter und befragt uns nochmals, bevor er berichtet, dass Erich tot am Fuß des mittleren Schafalpenkopfes gefunden wurde. Ob Erich vielleicht Selbstmordabsichten gehabt hätte? »Nein! Wir haben doch erst vor zwei Tagen seine Pensionierung gefeiert und er hatte so viele Pläne!« Oder ob wir in irgendeiner Weise für seinen Unfall verantwortlich gemacht werden können, weil wir ihn allein gehen ließen oder seine Adjustierung nicht kontrolliert hätten? Erich war doch perfekt ausgerüstet, hatte ein ziemlich neues Klettersteigset und sogar eine Schirmkappe unter dem Helm, damit ihn die Sonne nicht blendet! Wir antworten wie in Trance, sind erschüttert, traurig, selbst voller Fragen, die uns niemand beantworten kann. Stürzt man so lautlos, ohne jeglichen Aufschrei? Nach wie vielen Metern verliert man das Bewusstsein? War es ein plötzlicher Schwindel- oder Schwächeanfall, ein Blackout? Bald nach dem Unfall müssen wir an der Stelle vorbeigekommen sein und haben überhaupt nichts bemerkt. Schockiert und paralysiert sitzen wir da. So eine Tragödie ist nicht so schnell zu verarbeiten, man versteht einfach nicht, warum. Grübeln und spekulieren. Den genauen Hergang des Unglücks wird man wohl nie erfahren.

IM ALLGÄU

99. Tag: Dicke Wolkenbänke verhüllen die Sonne, als Christine und ich den felsigen Gipfelbereich des Biberkopfes erreichen, Deutschlands südlichsten Gipfel. Exponiert klettern wir über ungesicherte Kletterstellen. Drahtseile zum Anhalten sind rar und größtenteils locker. Den zweiten Schafalpenkopf haben wir ständig im Blick. Das verunsichert. Leichtigkeit und Unbeschwertheit sind uns abhandengekommen. Die Erinnerung an Erichs Absturz ist allgegenwärtig. Wir gehen und handeln automatisch, nicht entschlossen und begeistert wie sonst. Die Betroffenheit wird uns noch lange begleiten und bei jeder felsigen Stelle daran erinnern, dass Erich für einen kurzen Moment kein Glück hatte.

> *»Am Ende gilt doch nur, was wir getan und gelebt — und nicht was wir ersehnt haben.«*
> ARTHUR SCHNITZLER

RESÜMEE

2014: 110 Aktivtage, 13 Rasttage, 83 Grenzgipfel, bis zu fünf Pässe pro Tag, 3200 Kilometer und 120 000 Höhenmeter↑
Sturm und Schneefall zwangen uns zu längeren Umwegen, deshalb kamen wir nur bis zur Zugspitze. Die Grenzschleifen abzukürzen, kam für uns nicht infrage. Was übrig blieb, nahmen wir uns für 2015 vor!

Insgesamt: 143 Tage, 18 Rasttage, 3800 Kilometer, 154 000 Höhenmeter↑, 36 Tage Mountainbike, 107 Tage zu Fuß

Ein Geschwindigkeitsrekord war nie geplant, sondern ein vernünftiges Tempo und die richtige Einschätzung des eigenen Könnens, um die Österreichrunde gesund und unfallfrei ohne Unterbrechungen zu bewältigen. Noch im Juli waren viele Steige zerstört, da auf den Bergen an Österreichs Südgrenze der Schnee im Winter 2014 bis zu sechs Metern hoch lag! Wir mussten tagtäglich suchen, wo es weiter ging, umgestürzte Bäume überklettern, Schneefelder und Lawinen queren. Unsere Etappen wurden den herrschenden Verhältnissen angepasst. Öfters waren wir bis zu neun Stunden im Dauerregen unterwegs. Da hält auch die beste Goretex-Ausrüstung nicht trocken! Die Steige verwandelten sich in Bäche, Schlammrutschen und Sümpfe. An ein zügiges Gehen war nicht zu denken. Exponierte Stellen waren mehr als heikel. Bei den schwierigen Verhältnissen konnten wir oft nicht abschätzen, ob wir unser Etappenziel erreichen würden. So freuten wir uns jeden Tag, wenn wir am Abend unverletzt ankamen, und letztendlich gelangen uns weitaus längere Strecken, als wir uns bei der Planung zugetraut hatten. Es gab keinen Abend, an dem wir frustriert zu Bett gingen, an uns oder dem Projekt zweifelten. Wir vertrauten und achteten aufeinander, stärkten uns gegenseitig durch die gemeinsame Leidenschaft für das Bergsteigen, waren oft sprachlos zufrieden. Warum etwas erklären, wofür es keine Worte gibt?

Die Balance zwischen Neugierde, Anstrengung und Wohlbefinden stellte sich mit dem richtigen Tempo ein, als gingen die Beine von allein, im eigenen Rhythmus, der die Anstrengung und das Gewicht des Rucksacks aufhebt. Manchmal erfasste uns eine Art meditative Trance, in der wir gehen konnten, soweit wir wollten. Die Schönheit und

Wildheit, die Einsamkeit rundherum, die Wolkenstimmungen, die vielfältigen Gerüche und die alles ausfüllende Stille faszinierten und lenkten von der Anstrengung ab. Jeder Tag war anders. Wir spürten, welche Ruhe und Harmonie diese Landschaften ausstrahlen, atmeten die Waldluft und den Duft der Almböden, umrahmt von filigranen Felstürmen und erhabenen Gipfeln. Je weiter wir draußen waren, desto stiller wurde das Leben.

Je näher wir unserem Ziel kamen, desto größer war einerseits die Erleichterung, dass wir es tatsächlich schaffen würden, anderseits spürten wir auch die Melancholie über das Ende unseres gelebten Traums. Gleichzeitig hatten wir all die Gebiete unserer Österreichrunde im Kopf, die wir später noch genauer kennenlernen wollten. In unseren Gedanken waren wir also schon wieder auf dem Weg zu den nächsten Bergabenteuern.

Noch immer fühlen wir die Wärme der Sonne und die alles durchdringende Kälte des Windes, der um die Gebirgskämme tobte, oder den Regen, der niederprasselte und an uns hinunterrann, bis in die Schuhe, wo er mit jedem Schritt zu einem Geräusch wurde. Wir hören das Tosen der Bergbäche und spüren die prickelnde Gischt der Wasserfälle auf unseren Gesichtern – flüchtige Augenblicke, die uns tragen und motivieren. Glück und Lebensfreude, selbst geschenkte Tage mit vollkommenen Momenten, die den wahren Reichtum des Lebens bedeuten, uns für immer prägen und unauslöschlich in Erinnerung bleiben.

VERLEGER

DIRK RUMBERG

ENTSCHEIDUNG IM LEITL

Zittere ich wirklich am ganzen Körper oder ist das nur innerlich? Je näher wir der Schlüsselstelle kommen, über die ich in den vergangenen Monaten immer wieder gelesen habe, desto stärker drängt mich die innere Stimme zur Umkehr. Mittlerweile habe ich einfach nur noch Angst.

Morgens war es traumhaft gewesen. Ganz allein vor der Erzherzog-Johann-Hütte in der Morgensonne mit Blick auf den Großglockner. Das Schneefeld hinter der Hütte hier oben auf der Adlersruhe sah leicht machbar aus, und unsere Bergführer hatten uns gestern immerhin auch von der Stüdlhütte, auf die wir vom Lucknerhaus aus gewandert waren, sicher hier heraufgebracht.

Aber jetzt wird es immer steiler. Konditionell habe ich keine Bedenken. Und eigentlich bin ich doch auch schwindelfrei. Die Höhe ist auch nicht das Thema. Großvenediger oder Dreiherrenspitze stehen ebenso auf der Liste der von mir – ohne Bergführer – erreichten Gipfel wie Möseler, Schwarzenstein oder Hochfeiler. Aber würden die anderen drei in der Seilschaft mich wirklich halten können, wenn ich abrutschte? Eigentlich sollten die Steigeisen halten. Allerdings bin ich halt 20 – wahrscheinlich eher 25 – Kilo schwerer als die anderen.

Hätte es nicht bitte regnen können, so wie gestern? Oder schneien? Oder gewittern? Jedenfalls so sein, dass an einen Gipfelanstieg nicht zu denken ist. Stattdessen scheint die herrlichste Sonne auf das Häufchen Elend, als das ich mich fühle. Und jetzt, mitten im Glocknerleitl, muss ich unweigerlich an die warnenden Worte meines Ischler Kollegen denken. Das Leitl wird in allen Tourenbeschreibungen und -berichten als Schlüsselstelle genannt. Das Schnee- und Eisfeld unter uns wird immer größer, ebenso meine Angst.

Ich will zurück auf die Hütte! In Sicherheit! Zu meiner Familie! Aber ich will auch auf den Gipfel. Wir planen das seit einem Jahr. Und ich will mich auch nicht bis auf die Knochen vor den anderen sieben in unseren beiden Seilschaften blamieren. Darum bitte ich also erstmal um eine Pause.

Gefühlt stehen wir hier jetzt seit Stunden. In Wahrheit sicher eher drei bis fünf Minuten, als Karl, unser Bergführer, sagt, er bringe mich jetzt besser gut 200 Meter wieder hinunter. Von da aus könne ich dann allein auf die Hütte gehen und dort warten. Denn jetzt sei dafür der letzte Moment. Weiter oben könnten dann nur noch alle gemeinsam umkehren. Das erhöht den Druck nochmal. Zuvor hatte er gemeint, es ginge schon, ich solle durchschnaufen und dann weitergehen – jetzt das. Den anderen den Gipfelerfolg nehmen, das geht gar nicht. Also zurück. Karl hat mir die Entscheidung ja jetzt abgenommen. Aber hat er das wirklich? Entscheiden umzudrehen, muss ja immer noch ich. Ich schaffe das! Ich will es schaffen. Ich will auf diesen Berg. Aber ich will auch die anderen und ihren Gipfelsieg nicht gefährden. Verlass dich auf den Profi. »Nein. Ich gehe mit rauf.«

GROSSGLOCKNER, 3798 M

Wenn er es mir nicht zutraut, dann muss er jetzt widersprechen. Tut er aber nicht. Also wieder den Eispickel in den gefrorenen Schnee rammen und einen Steigeisenschritt nach dem anderen setzen.

Kurze Zeit, vielleicht eine Viertelstunde später sind wir auf dem drahtseilversicherten Grat. Da fühle ich mich schon viel wohler – endlich kann ich mich wieder selbst an etwas festhalten – und versuche, nicht an den Abstieg zu denken. Die erste Vierer-Seilschaft ist auf dem Weg vom Kleinglockner durch die Glocknerscharte deutlich schneller als unsere. Aber auch wir sind bald ganz oben. Gipfelglück und -stolz, »Berg Heil« mischen sich mit Angst vor dem Abstieg. Nicht daran denken – genießen. Der Ausblick vom höchsten Berg Österreichs ist überwältigend, auch wenn schon wieder Wolken aufziehen.

Österreichs höchster Berg. Schon lange wollte ich hier hinauf. Auf dem zweithöchsten bin ich schon gewesen. Auf Deutschlands höchstem, der Zugspitze, seit vielen Jahren mindestens einmal im Jahr. Dass der Großglockner eine andere Kategorie ist, das merke ich nun.

Aber was soll das überhaupt mit dem »höchsten«? Ist das doch die Midlife-Crisis, von der ich eigentlich gedacht hatte, sie pünktlich zu meinem Fünfzigsten hinter mich gebracht zu haben? Gibt es doch Dinge, die ich mir noch beweisen muss, die ich mal gemacht haben will, weil »man« mal hier, da oder dort gewesen sein, dies oder jenes einmal im Leben gemacht, erlebt, durchlitten haben muss?

Den Gipfelgrat klettern wir ziemlich zügig zurück – es ziehen ja Wolken auf. Im Leitl gilt: Ganz automatisch einen Schritt vor den anderen setzen, nicht nach unten schauen und vor allem nicht nachdenken. Einmal rutsche ich sogar aus. Habe die Steigeisen wohl nicht fest genug in den steil abfallenden Untergrund gerammt. Meine Panikvision vom Aufstieg ist also eingetreten. Jetzt ruckt das Seil kurz und ich rutsche kaum einen halben Meter, schon haben die anderen mich aufgefangen. Gleichzeitig halte ich mich selbst mit dem Eispickel. Ganz anders als beim Aufstieg kommt keine Panik auf. Es geht einfach zu schnell, und die Sicherungsmaßnahmen sind wirksam. Aufstehen, weitergehen, nur an den nächsten Schritt denken, oder besser noch nicht einmal an ihn denken, sondern ihn einfach nur setzen. Nach relativ kurzer Zeit haben wir das Leitl hinter uns. Runter geht's dann halt doch immer schneller als rauf, obwohl ich eigentlich viel lieber auf- als absteige. Und nach ein paar Minuten, die jetzt auch nicht mehr zu Stunden werden, ist es dann nicht mehr ganz so steil und auch die Schnee- und Eisflanke unter uns wirkt immer weniger und bald gar nicht mehr angsteinflößend.

Meine Knie zittern. Überlebt! Mit flauem Gefühl im Magen betrete ich den Gastraum der Erzherzog-Johann-Hütte, wo wir ein paar Stunden zuvor gefrühstückt haben. Ich zwinge mich, eine Kleinigkeit zu essen, obwohl ich eigentlich keinen Hunger habe. Es waren doch nur rund 500 Höhenmeter. Warum bin ich so erschöpft? Ja, wir sind relativ hoch, aber so anstrengend war es nun auch wieder nicht. War es wohl doch. Aber eher im Kopf als in den Beinen.

Nach weiteren rund anderthalb Stunden kommen wir wieder zur Stüdlhütte. Mittlerweile nieselt es leicht, und Nebelschwaden ziehen herum. Vom großartigen Blick bleibt nun kaum noch etwas übrig. Zum Lucknerhaus führt nur noch ein normaler Wanderweg. Das Abenteuer ist bestanden. Ich habe Österreichs höchsten Berg bezwungen und wichtiger: meine Angst besiegt. So richtig freuen kann ich mich noch nicht. Dazu bin ich zu erschöpft. Warum sehen die anderen alle so viel besser aus? Ich muss unbedingt endlich 20 Kilo abnehmen – mindestens!

Oder ist mir – als einzigem Deutschen unter sieben Österreichern – tatsächlich widerfahren, was ich knapp zwei Jahre später im Österreich-Newsletter der Süddeutschen Zeitung lese? »Zu den Dingen, die viele Österreicher besser können als die Deutschen, gehört neben der politischen Stand-Up-Satire und den Salzburger Festspielen eindeutig das Bergsteigen.«

Die Urkunde der Glocknerbesteigung hängt im Büro an meiner Pinwand. Jeden Tag erinnert sie mich an das Abenteuer.

ARCHITEKT UND
EXTREM-SKIFAHRER

AXEL NAGLICH

ORTLER-NORDWAND FÜR FORTGESCHRITTENE

*Fortgeschrittene im Sinne von
»vom Weg Weggeschrittene«*

25./26. Mai 2006
Der Anruf kam nicht völlig unerwartet, aber dennoch ungelegen! Ich war gerade im hintersten Eck des Skigebietes bei uns zu Hause in Kitzbühel, es war schon ein gutes Stück nach Mittag und jetzt das: »Wetter passt, lass uns zum Ortler fahren und endlich die Nordwand machen.« David, mein Freund seit gefühlt fast ewig und immer motivierbarer Kollege für sportliche Aktivitäten und Blödheiten aller Art, ebenso aus Kitzbühel. Günther, unser eiskletternder, unverwüstlicher Kameramann aus Losenstein. Außerdem Phil – ein weiterer Bergfreund von David.

Die Ortler-Nordwand ist schon länger im Gespräch, manche Touren musst du einfach irgendwann mal gemacht haben, sonst weißt du im Grunde gar nichts. Der Plan ist simpel: Heute rauf auf die Tabarettahütte, morgen in aller Früh über die Wand hinauf auf den Gipfel, Abstieg und heim. Noch Fragen? Ich hatte keine, die anderen auch nicht. Vielleicht war das der Fehler!

»Na gut. Aber zwei Stunden müsst ihr mir schon geben. Eine gute Stunde brauche ich nach Hause, umziehen, dann zusammenpacken – immerhin ist die Ortler-Nordwand nicht irgendwas.« Sein Equipment sollte man schon im Griff haben, was man vergessen hat, hat man vergessen. Das kann unangenehm werden mitten auf einem Berg dieser Größenordnung.

Günther sitzt schon im Auto von Oberösterreich, wir dann gegen fünf Uhr auch endlich und die zwei, drei Stunden über Brenner und Meran nach Sulden sind recht zügig abgespult. Wie immer haben wir eine minutiöse Vorbereitung: »Kennt jemand den Weg auf die Tabarettahütte?« Von dort steigt man üblicherweise nach einem halbstündigen Zustieg in die Ortler-Nordwand ein. Natürlich hat sich wieder mal kein Mensch auch nur irgendwie vorbereitet, doch nichtsdestotrotz haben wir keine groben Bedenken, die Hütte, die so etwa eine Stunde Gehzeit oberhalb von Sulden auf 2556 Metern liegt, wohlbehalten zu erreichen. Denn erstens sind wir grundsätzlich unbesiegbar und zweitens kommen wir immer irgendwie rauf, selbst wenn offensichtlich Unklarheit darüber besteht, wo die Suche nach dem Weg genau anfangen soll – also soweit nichts Ungewöhnliches, eigentlich so wie schon öfter. Aller Anfang ist manchmal schwer, wenn wir erst in Fahrt sind, lösen sich viele Probleme von selbst.

Jahre zuvor war ich schon mal hier, bin damals allerdings alleine über den Hintergrat auf den Gipfel gegangen und dann von dort aus mit dem Paragleiter ins Tal geflogen. Ich habe mir die Nordwand dabei zwar recht genau aus der Luft angesehen und kurz überlegt, ob ich bei der Tabarettahütte zwischenlanden soll, habe diese Idee aber letztlich verworfen, weil ich – besonders damals – keine wirkliche Ahnung vom Paragleiten hatte, und mir nicht sicher war, ob ich die Hütte »treffen« würde. Jedenfalls konnte ich mich nur recht vage an die Hütte erinnern, da ich den Weg dorthin damals überhaupt nicht wirklich beachtet hatte – weder vom Gipfel noch vom Tal. Dieses Wissen war zumindest ein Vorsprung gegenüber meinen Kameraden, wenn auch zugegebenermaßen ein sehr bescheidener.

Die Ortler-Nordwand ist eigentlich eine sehr schöne, lohnende Eistour auf den Gipfel des knapp über 3900 Meter hohen Ortlers, den höchsten Berg Tirols (und auch Italiens, da in Südtirol gelegen), über diese Wand allerdings nicht unbedingt was für Anfänger. Neben den üblichen objektiven Gefahren wie Lawinengefahr und Steinschlag kommt bei dieser in etwa 50 bis 55 Grad steilen, rund 1200 Höhenmeter hohen Eiswand eine Tatsache hinzu, welche die Wand in Zeiten der globalen Erwärmung und dem Auftauen von Permafrost eher weniger empfehlenswert macht: Rechts über dem Ausstieg der Nordwand stehen gewaltige Eistürme einer Gletscherzunge, die sich vom Gipfel in Richtung Westen ziehen, und leider naturgegeben die Tendenz haben, sich langsam, aber doch permanent zu bewegen (einige wenige Meter im Jahr). Irgendwann erreichen diese Eismassen die darunterliegende Felskante und fallen dann mit oft riesigem Getöse über die Nordwand hinunter. Das Problem dabei: Man weiß nicht wirklich genau, wann das passieren wird. Ich habe dieses Schauspiel einmal aus unmittelbarer Nähe erlebt und nur mit weit mehr Glück als Verstand überlebt – »gesund« kann das dann auf jeden Fall nicht sein.

Zum Zeitpunkt unserer Ankunft in Sulden ist es schon fast dunkel. Wir parken beim Sessellift, der mir bekannt vorkommt, und sehen den Gipfel des Ortlers gerade noch in der Dunkelheit verschwinden. Zumindest wissen wir, in welcher Richtung sich der Gipfel befindet. In wenigen Minuten sind wir abmarschbereit: Rucksack geschultert, Stirnlampen an, und es geht los. Irgendeinen Weg finden wir da schon rauf, das stresst uns nicht wirklich.

Das Drama nimmt seinen Lauf: Günther stellt fest, dass er vor lauter Anfahrtsstress seine Hose zu Hause vergessen hat. Ich kann es nicht glauben! Hand aufs Herz: So etwas passiert doch nur den »Piefkes« (sorry!). Meinen Vorschlag, doch in Skiunterwäsche zu gehen, findet Günther wenig hilfreich, David und Phil reicht es jetzt schon, und sie kündigen an, vorauszugehen. Meine Laune ist … überschaubar. Ich telefoniere im Freundeskreis herum, um die Nummer von Olaf Reinstadler, dem Chef der Bergrettung rauszubekommen – auch das dauert eine weitere Stunde. Olaf ist gerne bereit, uns eine Hose zu borgen. Auf die grandiose Idee, ihn nach dem Weg zu fragen, kommen wir nicht. Endlich geht es los! Es ist jetzt stockdunkel. Wenn es beim Bergsteigen oder Tourengehen etwas gibt, das ich nicht leiden kann, dann, wenn es ewig dauert, bis alle ihren Kram sortiert und eingepackt haben.

Was wir zu diesem Zeitpunkt nicht wissen: Wir sind beim Parkplatz etwa zehn Meter neben dem Weg auf die Tabarettahütte losmarschiert, nur leider falsch! Wir wüten wie die Verrückten Richtung Berg, bleiben unterm Sessellift – der beste Weg, den wir finden können. Damit gehen wir wenigstens geradeaus, und einen Lift baut man ja wohl kaum quer zum Berg. Als wir die Bergstation erreichen, stecken wir in hüfttiefem, nassem Schnee, weit und breit ist kein Weg in Sicht, und der Telefonkontakt zu den beiden Freunden bricht dauernd ab. Irgendwann stelle ich erfreut fest, dass wir zwar zu weit links, aber zumindest schon auf gleicher Höhe wie unsere Freunde sind. Den Lichtschein können wir, wenn auch weit entfernt, neben uns ausmachen. Weniger erfreut stellen wir kurze Zeit später fest, dass das Licht, das wir sehen, wohl eher nicht unsere Freunde, sondern die Lichter der Tabarettahütte sind. Mist! Es wird felsig und offensichtlich, dass da keine Hütte mehr kommen wird. Zwischenzeitlich ist die Telefonverbindung besser, der damalige Hüttenwirt – Olafs Bruder – lässt uns ausrichten, dass »die zwei Idioten am besten sofort wieder umdrehen sollen, die brauchen hier erst gar nicht aufzutauchen!« Verständlich: Die Tabarettahütte ist so »versteckt« wie die Seidlalm in Kitzbühel, und es gehört schon eine Portion Blödheit dazu, sie nicht zu finden. »Bei Dunkelheit sieht man nicht ganz so weit wie bei Tageslicht, wo man weiter sieht«, lautet ein alter Spruch aus Kitzbühel. Stimmt zwar, hilft jetzt aber auch rein gar nicht!

Na ja, der wird uns schon noch kennenlernen. Wir queren in mittlerweile brusthohem Schnee den Hang. »Fetznass«, wie wir daheim sagen würden, ist zuerst nur der Schnee, nach und nach auch wir! Mit »Gehen« hat das nichts mehr zu tun, eher ist es ein Wühlen und Graben durch den völlig durchweichten Schnee. Ich erinnere mich nicht mehr genau, wann wir letztendlich weggegangen waren, aber gefühlt sind wir nach vier bis fünf Stunden bei der Hütte, so circa gegen 1.30 Uhr in der Früh und klatschnass! Noch dazu für eine Wegstrecke, die bei unserer Kondition in einer Stunde leicht machbar wäre, wenn man nur den Weg wüsste. Der Wirt hat uns aufgegeben und schläft schon, wir sind so nass und durchgeschwitzt, dass wir entscheiden, gleich loszugehen. Trocknen würde sowieso nichts mehr und uns würde nur kalt.

Ein Trupp Sachsen macht sich gerade lautstark auf den Weg zum Einstieg. Nebenbei bemerkt mit den größten Rucksäcken, die ich in den Alpen jemals gesehen habe. Nach »gemütlich schlafen« sieht es bei dem Krach also sowieso nicht aus. Wir trocknen uns notdürftig und marschieren zu viert – zwei nass, zwei trocken – zum Einstieg der Nordwand. Die ersten paar Hundert Höhenmeter gehen recht gut von der Hand, obwohl Günther und ich schon ein wenig angeschlagen sind. Wir versuchen uns im linken Bereich der Rinne, außerhalb der größten Gefahrenzone, aufzuhalten. Die Eisschlaggefahr ist uns bewusst. Kurz vor Halbzeit erwartet uns der »Flaschenhals«, die Engstelle der Wand, wo mangels

ORTLER, 3905 M
NORDWAND MIT SCHLÜSSELSTELLE
»FLASCHENHALS«

Alternativen im Epizentrum der Gefahr »herumgewerkelt« werden muss. Nach dem Flaschenhals ist dafür Schluss mit der Eisschlaggefahr, da man dann wieder nach links ausweichen kann – dafür wird es noch steiler. Bei guten Schneebedingungen – und die haben wir – ist es bis zu diesem Punkt eine steile Stapferei! Ab hier gleicht die Nordwand jedoch einer schrägen, ansteigenden Glasplatte.

Mittlerweile beginnt die Morgendämmerung, und wir stellen fest, dass wir fast zu den Sachsen aufgeschlossen haben, die mit ihren »Wolken« am Rücken die Wand nicht gerade emporstürmen.

Was wir allerdings feststellen müssen: Der Ortler hat eine ansehnliche Kopfbedeckung, nämlich eine ordentliche Nebelhaube, die keine Anstalten macht, sich zu verziehen. Doch nicht so gut das Wetter – mal sehen, wie sich das weiterentwickelt. Eine leise Diskussion unter uns vieren beginnt. Wir wissen, dass der Normalweg nicht allzu leicht zu finden sein soll. Diesmal würde es nicht die Dunkelheit, sondern der Nebel sein, der die Suche erschwert. Außerdem die Tatsache, dass wegen Schneefall tagelang niemand gegangen sein kann und dementsprechend keine Stapfspuren vorhanden sind, an denen man sich orientieren könnte.

Die Sachsen sind platt. Wie so viele haben sie die Wand einerseits unterschätzt, scheinen andererseits auch nicht besonders fit zu sein. Dafür hat jeder von ihnen Material und Verpflegung für Wochen mit – so sieht es zumindest aus. Sie richten sich oberhalb des Flaschenhalses für ein Biwak in der Wand ein, wollen also offenbar die Nacht hier verbringen. Es ist jetzt erst acht Uhr morgens und wir haben definitiv nicht vor, die Nacht am Berg zu verbringen. Wir trauen unseren Augen nicht, obwohl wir selbst schon mitten in der Diskussion sind, ob es Sinn macht, bei dieser Sicht am Gipfel zu stehen, und vom Abstieg über den Normalweg keine Ahnung zu haben. Den Weg vom Hintergrat hätte ich mir noch weniger zugetraut, er ist grundsätzlich schwieriger und einfach zu lange her! Schweren Herzens entscheiden wir, die Aktion abzublasen. Keiner von uns hat auf fast viertausend Metern Lust auf Experimente. Günther und ich schon gar nicht – wir sind nass bis auf die Haut! Also drehen wir bereits unter dem Flaschenhals um. Was für eine Niederlage! Wir gehen zurück zur Tabarettahütte, ich verliere dann obendrein noch meine bis heute einzige Eisschraube *ever* und komme voll Erwartung zur Hütte – ich hatte ja gesagt, der Hüttenwirt würde uns schon noch kennenlernen. Und das hat er auch, wollte die Deppen wohl auch mal live sehen.

Wir bleiben den halben Tag auf der Hütte. Der Nebelhut vom Ortler bleibt den ganzen Tag bestehen, während im Tal und auch auf der Tabarettahütte wunderbarster Sonnenschein unser nasses Zeug wieder trocknet. Während wir den Sachsen beim Einrichten des Biwaks zuschauen, versuchen wir, den Wirt vom Gedanken abzubringen, dass wir komplette Alpinesel sind. Ein schwieriges Unterfangen: Ich vermute, unsere Glaubwürdigkeit hat einfach schon zu viel gelitten.

Weil mich solche Niederlagen in der Regel gar nicht mehr loslassen, kam es, wie es immer kommt: das Ganze noch mal. Zwei Wochen später bin ich wieder da – diesmal einige Stunden früher und nur zu zweit, mit einem neuen Partner, dafür beide mit Hosen und der Gewissheit, mittlerweile den Weg zur Hütte zu kennen. Die Bedingungen und das Wetter sind perfekt. Klaus, der Hüttenwirt, ist in bester Laune – vermutlich, weil wir die einzigen Gäste sind. Wir begießen erst mal unsere neue Freundschaft. Von ihm kommt auch die Information über die Sachsen vor zwei Wochen: Nach dem ersten Biwak beim Aufstieg und der zweiten Nacht irgendwo in der Nähe des Normalwegs beim Abstieg kamen sie am dritten Tag völlig fertig zur Hütte zurück. Sie hatten sich heillos verlaufen! Unsere Entscheidung war wohl doch die richtige gewesen!

Unsere Tour am nächsten Morgen glückt in Rekordzeit, trotz rekordverdächtigen Schlafentzugs! Seitdem war ich rund zehn Mal am Ortler. Von den unterschiedlichsten Seiten, mit unterschiedlichen Missionen und unterschiedlichen Leuten. Jedes Mal ein Erlebnis! Der Ortler ist ganz bestimmt einer meiner Lieblingsberge!

ALPIN-JOURNALIST
UND AUTOR

KLAUS HASELBÖCK

NÄCHTENS AM
SEPP-HUBER-STEIG

Mit 19 Jahren waren die Berge für mich wild, unnahbar und gefährlich. Zum Davonrennen schrecklich und doch so unerhört anziehend. Sie versprachen das ganz große Abenteuer. Allerdings schienen die Erlebnisse, die sich dort oben zwischen Graten, Gletschern und Gipfeln abspielten, nur absoluten Könnern vorbehalten zu sein.

Solchen wie Reinhold Messner. Der hatte als erster Mensch die 14 höchsten Gipfel der Erde bestiegen und wurde als Held gefeiert. Nicht nur, weil er zu den stärksten Alpinisten seiner Zeit zählte. Vor allem teilte er die Perlen, die er von dort oben zurückbrachte: Über seine Geschichten brachte er mir die Berge ins Wohnzimmer, ließ mich schon als Jugendlicher bei Zimmertemperatur von eisigen Höhen träumen und von der Couch aus in schauderhafte Abgründe blicken.

Die Saat, die er von Südtirol aus über seine Bücher ausbrachte, keimte selbst im flachen Donautal Niederösterreichs. Sehr bald war mir klar: Es brauchte Projekte, und die mussten gar nicht erst in den Westalpen, im Karakorum in Pakistan oder in den peruanischen Anden liegen. Also stiegen wir in Wien in den Zug und fuhren nach Grünau ins Almtal. Eine auf drei Tage angesetzte Durchquerung des Toten Gebirges von Oberösterreich in die Steiermark sollte unsere große eigene Tour sein.

Wir, das waren drei Freunde, die sich schon während der gemeinsamen Gymnasialzeit im Krems der 1980er-Jahre in Klettergärten und Schlauchbooten deutlich wohler gefühlt hatten als hinter den Schulbänken.

Jetzt, zu Beginn unserer Studienjahre, waren wir wieder gemeinsam unterwegs. Martin, geschult vom Alpenverein, galt als unser Ass, wenn es um Tourenplanung und Navigation ging. Der andere Klaus war dank seiner Körpergröße von knapp zwei Metern der Inbegriff von »Länge läuft«, genauso ausdauernd wie grundpositiv. Und von mir konnte man den großen Horizont erwarten: Ich hatte Reinhold Messner auf vielen seiner Touren begleitet, zudem mit Rüdiger Nehberg den Blauen Nil befahren und war mit Heinrich Harrer sieben Jahre in Tibet gewesen – Abenteuer sind bekanntlich im Kopf oder sie beginnen zumindest dort.

Der Weg über das große Karstplateau sollte hingegen eine sehr physische Erfahrung werden: Als wir am Abend euphorisiert den Bahnhof verließen, hatte ich eine satte Verkühlung im Körper und außerdem das schwere Zelt im Rucksack. Und nicht nur das: Wer Zelt sagt, sagt auch Schlafsack und Isomatte. Ganz abgesehen von Wechselkleidung, Handschuhen und Regenjacke. Außerdem kamen Benzinkocher, Geschirr und Verpflegung mit, denn die Pühringerhütte würde uns jetzt, im späten Frühjahr, nicht aufnehmen. Mit unseren Rucksäcken sahen wir aus, als hätten wir die Panzer von Schildkröten umgeschnallt. Wir waren Sherpa und Sahib, unsere eigenen Träger und das Gipfelteam in Personalunion – und hungrig auf den Start ins Neuland. Neuland in Oberösterreich? Für uns schon: Unser Khumbu-Eisfall, den man bei einer Besteigung des Mount Everest von Süden aus überwinden muss, war der Sepp-Huber-Steig. Mehr als Tausend Höhenmeter führt er hinauf zum Röllsattel und heikle Passagen sind – ganz wie beim Original in Nepal – mit Leitern und Seilen abgesichert. Einen Höhensturm, wie er im Jahr 1978 bei der österreichischen Everest-Expedition am Südsattel getobt hatte, erwarteten wir zwar nicht, aber auch im Toten Gebirge konnte es ordentlich blasen oder einfallender Nebel die Orientierung fordernd machen.

»Burschen, da geht's rauf«, gab Martin die Richtung vor. Unter der sinkenden Mai-Sonne marschierten wir los ins hintere Ahornkar. Vor uns schwangen sich die Ausläufer des Toten Gebirges respekteinflößend hoch in den Himmel.

Dass mir bereits nach den wenigen Schritten die Schweißtropfen auf der Stirn standen, versuchte ich noch zu ignorieren. War es von den Trägern des Rucksacks, die in meine Schultern einschnitten, oder vom leichten Fieber, das seit der Zugfahrt in mir köchelte?

Als die Bäume des Talschlusses in der Dämmerung zurückblieben und wir den Serpentinen in zunehmend steileres Gelände folgten, zückten wir stolz unsere Stirnlampen. Sie waren die Attribute von Abenteurern, die auch technologisch am Zahn der Zeit waren. Also Menschen wie wir. Mit den Lampen von damals hieß es allerdings sparsam umgehen: LEDs mit tauschbaren Akkus, die sogar einige Tage lang für ein extrem helles Licht sorgen konnten, waren noch in weiter Ferne. Eine flache 4,5-Volt-Batterie speiste, verpackt in einem groben Kunststoff-Container, eine Glühbirne, und ihr gelblicher Kegel erhellte unseren Mikrokosmos, wohin wir in den nächsten Stunden unseren Schritt setzen sollten und wo am Fels die besten Griffe waren.

Martin und Klaus gaben ein hohes Tempo vor, stiegen genauso konzentriert wie wortlos, während ich hinter den beiden wie eine schlecht geölte Maschine hinterherstolperte. Mein Kopf brummte, das Herz raste, und Hitzeschauer liefen mir über den Rücken. Ich gab alles, um nicht als einsames Glühwürmchen in der Nacht zu verschwinden. Schließlich war es doch unsere große Tour! Kehre für Kehre des Sepp-Huber-Steigs fraß ich in mich hinein, schnappte keuchend mit vorgebeugtem Oberkörper nach Luft und sehnte ein Ende der Tour herbei. Die Idee eines Grenzgangs hatte ich mir heroischer vorgestellt.

Einige Stunden später ging es längst nicht mehr um philosophische Debatten, sondern nur mehr um Schmerzen. Und irgendwann war es einfach genug: Die Energie verpufft, die Knochen müde, die Kehle zu kratzig, und der Weg zum Ausstieg wohl noch viel zu weit. Als wir eine annähernd ebene Stelle fanden, brauchte es keine weitere Diskussion. Meine Freunde verstanden, wir nutzten die nicht zu abschüssige Stelle, um mitten im Steig das Zelt aufstellen zu können. Notdürftig trieben wir die Haken des Tunnels in den steinigen Boden, rollten die Matten aus und krochen in unsere Schlafsäcke.

Die Erschöpfung hätte mehr als ausreichend sein sollen, eine Entspannung wollte trotzdem nicht kommen. Schattenhafte Wesen schienen mich in den Träumen zu verfolgen. Szenerien unseres nächtlichen Aufstiegs zerronnen wieder und wieder in Vexierbildern, tiefrote Mäandern legten sich in abstrusen Geometrien darüber.

Am Morgen war die Wilde Jagd endlich weitergezogen und ein heiterer Friede eingekehrt. Das Fieber hatte ich in der Nacht ausgeschwitzt. Ein feines Licht flutete unser Zelt, Tau lag auf dem grünen Gewebe. Ein neuer Tag, eine neue Chance: »Geht´s?«, fragte mich Klaus in gewohnt verknappter Form. Mein Nicken und ein kurzes Lächeln waren ihm genug der Antwort. Umso mehr gefiel uns dreien der Anblick, als wir die Köpfe aus dem Zelt steckten. Der Kante des Plateaus waren wir in der Nacht viel nähergekommen, als gedacht.

Motiviert packten wir das Zelt zusammen, schulterten die Rucksäcke und nahmen mit neuem Elan die letzten Höhenmeter hinauf zum Sattel. Jetzt war unser eigentlicher Moment gekommen, der Höhepunkt der Tour – der zweitägige, genauso einsame wie großartige Weg durch diese Steinwüste, die wir uns oft ausgemalt hatten.

Nur Martin, der Routinier, machte ein besorgtes Gesicht. Nächtens hatte Klaus seine große Wasserflasche irgendwo am Fuß des Steiges verloren und Quellen, um unterwegs Wasser nachzufüllen, gab es nicht. Nicht im Toten Gebirge. »Das wird sich nicht ausgehen«, murmelte Martin. Seine Worte waren ein klares Urteil, das nicht diskutiert wurde. Unsere Klein-Expedition, die gerade wieder Hoffnung geschöpft hatte, beugte sich den Umständen. Wir modifizierten unsere Route, nahmen den kürzeren Weg hinüber ins Steirische. »Ist Reinhold Messner auch schon passiert«, tröstete ich die Runde. Der berühmte Südtiroler war auf den großen Bergen der Welt viel öfters umgekehrt, als am Gipfel gestanden. Das sollte auch bei uns vertretbar sein.

Am Nachmittag lehnten wir uns bei der Haltestelle des Postbusses in Gößl am Grundlsee an die Rucksäcke. Hier war unsere Tour zu Ende, und plötzlich fiel die Anspannung ab.

Den Kopf in den Nacken gelegt, blickte ich noch einmal hinauf in diese eigenwillige Welt, die oberhalb der Almen begann. Von ihr hatte ich in den letzten Stunden nur einen ersten Geschmack bekommen. Sehr wohl spürte ich das klare Regelwerk, das in den Bergen herrschte: dass sie mich zwangen zu planen und doch flexibel zu sein. Bereit, jederzeit neue Entscheidungen zu treffen und zu ihnen zu stehen. Eine Route so sehr zu wollen und letztlich ganz andere Wege zu gehen. Das gefiel mir. Ich würde wiederkommen.

KOMPONISTIN

JOHANNA DODERER

ABSEILACHTER UND JAUSENBOX
ORTE DER ERINNERUNG

Sommer 2018
Steine bilden unterschiedlichste Muster, Linien. Wie eine in Stein geschlagene Landkarte meines Lebens liegt mir der Weg zu Füßen.

Steine, auf denen ich vor vielen Jahren schon gegangen bin. Wenige Meter vor mir ist eine von Gras überwachsene Bergkuppe, ein Firstkamm, dem ich mich langsam nähere. Es ist ein hochsommerlicher, heißer Tag. Schweißgebadet blicke ich zu Boden, eine Erinnerung steigt in mir auf.

Auch damals vor 25 Jahren gingen wir bei Vollmond, mein damaliger Partner, meine taiwanesische Freundin und ich, alle drei durch unser Musikstudium verbunden, dieselben Serpentinen hinauf. Wir waren noch auf der Schattenseite des Berges, den Vollmond auf der anderen Seite ahnend, sein Leuchten warf er bereits hoch über unsere Köpfe hinweg auf das hinter uns liegende Meer dunkler Wälder. Es herrschte Stille, kein Tosen der sich tief unten im Tal befindenden unzähligen Wasserfälle war zu hören. Schweigen bestimmte den Raum. Niemand sagte ein Wort, die Welt war verstummt, hielt den Atem an. Wir gingen langsam. Wir gingen barfuß.

Jetzt, in der Mittagshitze, gehe ich mit meinen festen Bergschuhen. Ein weiter Weg liegt vor mir, ich setze einen Fuß vor den anderen. Meine kleine vierbeinige Begleiterin ist längst auf der anderen Seite der Kuppe. Wahrscheinlich liegt sie schon irgendwo in einem Bach, am Brunnen oder noch besser, im Schlamm, und erholt sich vom mühsamen Aufstieg. Mir ist heiß. Eigentlich habe ich keine Lust mehr zu gehen. Der Schweiß klebt zwischen meinem Rücken und dem schweren Rucksack. Ich hasse es.

Damals, wir waren gerade Anfang 20, am Anfang des Studiums, am Anfang des bewussten Grenzgangs, der mich bis heute durch mein Leben zwischen Abgründen und Musik treibt. Damals ließ ich meiner Freundin aus Taiwan beim Übergang von einem Tal zum anderen den Vortritt. Sie hatte keine Ahnung von den Bergen, war nie auch nur in Hügeln unterwegs, kannte keine Solostücke, ihr wollte ich diese, meine »Symphonie« schenken. Die Berge waren für mich Musik, und ich fühlte mich so, als gehörten sie mir. Als eine, die in den Bergen aufgewachsen ist, gehörte ich sozusagen ihnen, war ein Teil von ihnen.

Meine Freundin ging vor mir über die Kuppe, dort erwartete uns ein atemberaubender Anblick. Das Leuchten kam nicht nur vom Mond, der wie ein einsamer Klang über allem schwebte, majestätisch, versöhnlich und ernst. Das Leuchten ging auch vom Grund aus. Blumen, überall. Offene, weiß leuchtende Blumen, die ihre Köpfe fast andächtig zum Mond streckten. Nie wieder sah ich etwas Vergleichbares.

Vor mir im gleißenden Licht der Sonne schaffe ich es endlich über diese Bergkuppe. Heute begrüßen mich trockene Gräser, Kuhfladen und Fliegen. In der Ferne sehe ich die Silhouetten der Bergketten, des Rätikons und des Verwalls. Hier sind kein Schatten, kein Wasser und keine Frieda. Mein Hund hat sich offensichtlich selbstständig auf die Suche nach etwas Trinkbarem gemacht. Ich gehe ein Stück die Almwiese hinab, möchte mich setzen. Da bemerke ich weit über mir, seitlich am Hang, etwas auf vier weißen Pfoten mit schwarzen Flecken und einer roten Zunge sich in rasendem Tempo nähern. Die Erde bebt, denn knapp hinter Frieda galoppiert ein prachtvolles Pferd. Mit unfassbarer Energie und Kraft donnert es hinter der Hündin her, direkt auf mich zu. Es bewegt sich geschmeidig und doch wie eine Explosion an Kraft mit seinen sehnigen Beinen und der fliehenden schwarzen Mähne den steilen Hang hinab.

Fast freudig begrüßt es mich, indem es kurz stehen bleibt, sich auf die Hinterbeine setzt, seinen Kopf in meine Richtung wirft und begeistert in den Wald hinein weitergaloppiert, weit unten im Tal bei den Kühen verschwindet es aus meiner Sicht. Sichtbar bleibt nur ein kleiner weißer Punkt, still hinter einem Baum versteckt. Frieda wartet. Ich bin auf dem Weg von meiner Heimatstadt Dornbirn über den First in

Richtung Wien unterwegs. Wieder die Serpentinen nehmend, hinüber auf die andere Seite, dann vielleicht in mehreren Etappen Richtung Tirol und dann später irgendwann – hoffentlich – nach Wien.

※※※※※※※※※

Damals war ich von Vorarlberg in den Osten Österreichs gezogen, hatte zuerst in Graz, dann in Wien Komposition studiert und aufgeschrieben, was hier seinen Anfang nahm. Komponierte eine Symphonie. Dann noch eine. Solowerke, dann Kammermusik. Heute meine achte Oper. Über 130 Werke sind in den letzten 25 Jahren erschienen.

※※※※※※※※※

Meine Beine schmerzen, besonders mein linkes Bein. Ich setze mich unter eine Tanne. Die riesigen Wurzeln im Schatten laden ein zu einer Rast, doch die Fliegen jagen mich davon. Egal. Meine Beine tragen mich immer noch. Ich setze mich an die Grenze zwischen Licht und Schatten und öffne meine orange Jausenbox. Der kleine weiße Punkt mit der roten Zunge ist jetzt ein Augenpaar, welches all meine Bewegungen studiert. Ich bin glücklich. Über das Tal legt sich langsam ein blaues Licht, wirft lange Schatten. Eingekesselt auf dieser Alm. Bergketten auf allen Seiten versprechen Geheimnisse, nie Gesehenes. Versprechen Geschichten und Träume vom Unbekannten, von Wundern und Schönheit. Ich bin glücklich. Fast so glücklich wie damals im Jahr 2000, als ich aus der Narkose aufwachte – eine andere Erinnerung.

Mein linker Fuß war nicht doppelt so dick, sondern dreimal so dick wie heute. Es war eigentlich kein Fuß mehr, eher ein eingewickeltes farbiges Teil, welches mit mir verbunden war. Überall aus dem Teil kamen kleine feine Röhrchen heraus, welche die Aufgabe hatten, Wundflüssigkeit nach der Operation abzusondern. Ich erinnere mich, wie ich nach dem Kletterunfall am nächsten Tag aufwachte – ich saß aufrecht, blickte auf das Teil, und war unendlich dankbar und glücklich. Denn er war noch da, der Fuß, weg waren nur die grauenhaften Schmerzen. Eine Vollnarkose durften sie mir während des mühevollen Abtransports zwischen den Felsen nicht geben. Mein zunehmend anschwellender Fuß durfte an der prekären Unfallstelle nicht aus meinen Kletterschuhen herausgeschnitten werden. Dieser drehte sich um genau 90 Grad in eine falsche Richtung, denn er hatte vom Absturz über viele Meter alles abgefangen. Zum Glück war ich über dem gewaltigen Abgrund dann doch immer noch in ein Seil gestürzt. »Sie werden nicht mehr richtig gehen können.«, diese Botschaft der Ärzte erreichte mich nicht, wurde nie Realität. Der Helikopter durfte nicht mehr fliegen, dafür war es zu dunkel. Drei Stunden dauerte der Abtransport über die Felsen hinab, drei Stunden Kampf zwischen dem entstellten und konstant anschwellenden Fuß und dem ohnehin eine Schuhnummer kleineren Kletterschuh. Ich erinnere mich noch an das Gesicht des Notarztes über mir beim endlich erreichten Krankenwagen und sehe noch etwas dunkel Gepolstertes, das er mir rasch ins Gesicht drückte, bevor ich endlich das Bewusstsein verlor. Freude und Euphorie war die Antwort, als ich erwachte. Wie es passierte? Ich kann mich nur mehr an eine grüne Expressschlinge erinnern, ich war Anfängerin und fragte inmitten der Route noch zweimal bei meinem Partner nach, ob ich ja diese Expressschlinge öffnen sollte. Nach der Zusicherung von weit unten stand dann die Zeit so lange still, dass ich mich für den Fuß anstelle des Rückens oder des Kopfes entscheiden konnte. Die grüne Farbe würde ich sofort wiedererkennen, ein leuchtendes Grasgrün.

Ich nehme wieder meine orange Jausenbox. Ebenso leuchtend wie der orange Abseilachter, den ich immer noch in den Untiefen meiner Kletterutensilien aufbewahre. Auch dazu eine Erinnerung.

Damals, noch vor dem Kletterunfall im Mer de Glace am Mont Blanc hatte ich dieses orange Teil erstmals in der Hand. Nach einer Aufwärmtour auf den Mont Blanc du Tacul mit einem Schweizer Freund, mit dem ich in den Jahren darauf eine der heftigsten Opern in meinem Leben produzierte, planten wir, das Mer de Glace zu durchqueren, und von dort aus mehrere Touren zu machen. Nachdem ich diese Aufwärmtour erfolgreich absolviert hatte (es sterben dort regelmäßig Menschen aufgrund der unberechenbaren Eislawinengefahr und Gletscherspalten), hatte mein Freund die großartige Idee, direttissima durch das Mer de Glace in Richtung Tour Ronde aufzubrechen. Jeder von uns trug zwei Rucksäcke – einen vorne, einen hinten. Wir schleppten Proviant und Ausrüstung für circa zwei Wochen mit, geschlafen wurde in Eis und Zelt.

»Dynamik, Rausch und Ekstase« waren in dieser Zeit die Themen, welche mich in meiner Musik so beschäftigten. Die absolute Gleichzeitigkeit bis zur Auflösung des Zeitgefühls, das waren die Schlagworte in fast all meinen Werkbeschreibungen. Das Diplom über ein erfolgreich absolviertes Kompositionsstudium an einer der renommiertesten Musikuniversitäten der Welt hatte ich gerade in der Tasche, und war außerdem unglaublich stolz über meinen ersten Opernauftrag. Hochmut kommt ja bekanntlich vor dem Fall, und gerade meine großen Worte über Gleichzeitigkeit und Dynamik wollten geprüft werden. Wir standen also am Rand des Gletschers, des Mer de Glace. Es regnete, aber uns, geschützt durch unsere »Superhero-Multifunktions-Abwehrkleidung«, ging das nichts an.

Dumm war nur, dass wir uns aufgrund falscher Markierungen ausgerechnet auf den Séracs (Türme aus Gletschereis, die sich an den Abbruchkanten zu stärkeren Hangneigungen von Gletschern bilden), verirrten, und, um die Situation noch zu verschärfen, in der Dämmerung ein starkes Gewitter mit einer verbundenen Temperaturveränderung ausbrach. Jetzt bekam ich meine »Dynamik«. Nicht nur, dass sich die Ausläufer des Berges westlich des Mer de Glace, nämlich des für Steinschlag so bekannten und gefährlichen Bergs Aiguille du Dru, zu bewegen begannen (es kamen in regelmäßigen Abständen haushohe Steinlawinen auf den Gletscher herab), nein, auch unter uns begann die Welt, sich in ihrer ganzen Dynamik zu entfalten. Man stelle sich das so vor: Die Gletscherspalten in diesem Gebiet wurden von den permanent von oben kommenden Steinen stets aufgefüllt. Überquert man diesen Gletscher, dann ist es ratsam, sich ausschließlich auf dem Eis zu bewegen, denn dort, wo die Steine die Spalten teils abdecken oder befüllen, können sich unerwartet riesige Spalten auftun. Durch die Temperaturveränderung lösten sich viele Steine auch im Untergrund. Wirklich alles war in Bewegung. Wir kämpften uns von »Welle zu Welle«, erhofften, hinter jeder weiteren Kurve das lang ersehnte andere Ufer im Leuchten der Blitze zu erkennen. Nichts. Mein fälschlicherweise sich als Bergführer ausgebender Freund hatte dann doch die rettende – die alles rettende – Idee. Dafür liebe ich ihn noch heute, auch wenn mir kurz davor mehr nach Mord zumute war.

Er hatte die Idee, dort, wo die Wogen am höchsten waren, sprich dort, wo das Eis von allen Seiten von den herandonnernden Steinmassen durch die Höhe und den Abstand zu den beidseitigen Bergen am weitesten entfernt war, unser Zelt aufzustellen. Ich war in einer solchen Begeisterung und Euphorie über diesen rettenden Einfall, dass ich sogar einverstanden war, von ihm am Seil in eine Spalte abgeseilt zu werden, um dort einen Topf mit Eis herauszuschlagen. Wir hatten Durst.

Das Gewitter tobte immer noch über unsere Köpfe hinweg, die Steinmassen drängten sich seitlich unserer

»Eisinsel« vorbei. Wir schliefen wie Steine und beschlossen beim strahlenden Sonnenaufgang des darauffolgenden Tages, länger dortzubleiben. Es war interessant, die Landschaft veränderte sich stetig. Bewusst wurde mir die absurde Wahl unseres Schlafplatzes erst, als ich am Morgen bei der Morgenhygiene zwischen den Spalten einen verirrten Wanderer traf. Er tauchte – ich hatte gerade die Zahnbürste im Mund – plötzlich mit vor Panik angstgeweiteten Augen hinter einem Eiskegel auf, und fragte verzweifelt nach einem Ausweg aus diesem Labyrinth.

Wir beschlossen, unsere Tour von unserem ungewöhnlichen Basislager zu starten. Mein Freund schenkte mir jenen orangen Abseilachter. Die ersten Klettertouren hatte ich bis zu diesem Zeitpunkt alle ausnahmslos im Nachstieg und im Klettergarten gemacht. Nun kletterten wir auf eine der Aiguilles de Chamonix, oben in der Wand erklärte mir mein Freund den Abseilachter, und ich seilte mich mehrere Seillängen in die Tiefe daran ab. Nebenbei erwähnt: Mein Freund und ich hatten davor noch einen heftigen Streit.

Auch hoch oben über dem Mer de Glace begann sich die Erde etwas zu bewegen. Feine rieselnde Steine fielen in regelmäßigen zeitlichen Abständen durch die Rinnen, die wir immer wieder kreuzten. Ich bestand darauf, die Tour abzubrechen. In der folgenden Nacht gab es ein auch für diese Gegend heftiges Gewitter. Bei Sonnenaufgang zeigte sich, dass große Teile unseres Berges, den wir zuvor erklettert hatten, verschwunden waren. Auch unsere Insel war inzwischen bedrohlich klein geschmolzen. Somit zogen wir weiter in Richtung Tour Ronde.

※※※※※※※※※※※

Ich starre auf meine orange Dose, habe keine Lust zu essen. Auch Frieda verweigert ihr Essen. Ich blicke zum Talende in Richtung Osten. Irgendwo dort auf einer entfernten Alm werde ich fragen, ob ich mein Zelt aufstellen darf. Die Sonne steht schon tief. Ich stehe auf, beim ersten Schritt durchfährt ein stechender Schmerz meinen linken Fuß. Ein weiter Weg liegt vor mir. Ich gehe weiter, wissend, dass der Schmerz in der Bewegung nachlassen wird. Nach wenigen Metern ist er bereits erträglich und nach einigen Schritten schließlich gänzlich verschwunden. Ich gehe weiter in Richtung Tirol, nach Tagen breche ich die Wanderung ab, um sie dann zu einem späteren Zeitpunkt wieder aufzunehmen und sie in Zukunft in Etappen zu vollenden.

Wenige Monate später kaufe ich mir ein Pferd. Ein junges starkes Pferd aus den Salzburger Bergen. Mit ihm werde ich dann vom Weinviertel beginnend, von dort, wo ich heute lebe, die Alpen durchqueren.

ALLGEMEINMEDIZINER UND
TV-MODERATOR

DR. HANS GASPERL

WANDERJAHRE

Von meiner Kindheit an hatte ich das Gefühl, im Paradies leben zu dürfen, stets mit der Gewissheit, dass alles Wichtige vorhanden war. Soweit ich mich zurückerinnern kann, freute ich mich über die Pflanzen und wunderte mich über deren verschiedenste Blütenpracht. Ebenso ging es mir mit Tieren. Wenn ich jemanden beneidet habe, waren es oft die Bauernkinder. So manches Mal ging meine Fantasie mit mir durch und ich malte mir aus, wie schön es sein müsse, mit den Tieren am Hof zusammenzuwohnen. Im Volksschulalter konnte ich diesen Wunschtraum in den Ferienwochen bei meinen Großeltern in Rauris leben. In der Hauptschule, die ich zwei Jahre besuchte, und in den ersten Jahren meines Internatslebens als Gymnasiast war ich auch oft dort, und durfte zeitweise sogar mit einem Cousin zusammen als Hüter auf einer Alm sein. Zu meinem »Paradiesgefühl« trug das wesentlich bei, insbesondere weil ich in der Umgebung die Berge betrachten konnte. Ganz hellhörig wurde ich immer, wenn von Bergtouren oder gar von Wetterwarten und der Arbeit am Sonnblick gesprochen wurde, so interessant, geheimnisvoll und verlockend klang das für meine Ohren. Im Geheimen hatte ich sogar den Wunsch, später einmal Wetterwart zu werden. Das Buch *Der Sonnblick ruft* und *Im Banne der Dachstein Südwand* waren verglichen mit dem Lesestoff der Schulkollegen »mein Karl May«.

SONNBLICK-ERINNERUNGEN

Wenn sich eine Gelegenheit ergab, durfte ich mit auf den Sonnblick gehen – eine Expedition ins Paradies. Über die Vermittlung meiner Großmutter nahm mich gelegentlich ein befugter Mineraliensucher namens Hermann mit. Hier konnte ich neben der wunderbaren Alpenflora, welche mir vom Fachmann erklärt wurde, auch Bergkristalle oder Rauchquarze entdecken. Solche Kristalle in der Hand zu haben, war für mich ein nicht beschreibbares Empfinden, und seit damals hege ich eine besondere Zuneigung zu Steinen. Sei dies nur an der Schotterbank eines Flusses, oder aber wenn es sich um Edelsteine, besondere Kinder der Schöpfung, handelt: Mit jedem Stein ist für mich ein Kraftgeheimnis verbunden, welches ich nicht deuten oder definieren will – nur genießen. Viel erzählte mir Hermann auch von Ignaz Rojacher, der beim Nachbarwirtshaus meiner Großmutter, dem Brücklwirt, eine Zeit lang aufgezogen worden war. Wir Buben verdingten uns dort in der Kegelbahn als Kegelaufsteller, und erhielten dafür ein »Kracherl« als Belohnung. Hermann wusste, dass Ignaz als Bursch »Truhenläufer« am Goldberg bei Kolm Saigurn gewesen war und sein bergmännisches Wissen daraufhin weiter ausgebaut hatte. Wie der Bergbau mit Rojacher lief, ist eine spannende Geschichte. Im Jahre 1885 regte er den Bau des Zittelhauses mit Räumen für eine meteorologische Station an, im Jahr darauf wurde die Eröffnung gefeiert. Ein Wiener Meteorologe, Julius

Hahn, hatte Rojacher darin bestärkt. Heute ist dieses Observatorium eine wissenschaftliche Station von Weltruf und wird von der ZAMG und dem Sonnblick-Verein verwaltet und wissenschaftlich betreut. Mit Stolz möchte ich festhalten, dass derzeit Frau Dr. Elke Ludewig aus Eben im Pongau, meinem Wohnort, die Forschungsprojekte betreut.

Ritter von Arlt, ein Freund Rojachers – das erzählte mir ebenso H. –, durchstieg als Erster die Nordwand des Sonnblicks. Beim Anblick derselben machte das einen gewaltigen Eindruck auf mich.

Besonders spannend war für mich immer die Einkehr in die Rojacher Hütte. Nicht weil diese die kleinste Alpenvereinshütte war, die ich kannte, sondern weil hier eine wunderbare Person Hüttenwirtin war. Ihre Ansagen waren immer lustig – oft auch streng –, und sie war immer dankbar für etliche Scheiter Holz, die wir von einem vorbereiteten Stapel aus dem Tal mitbrachten.

Der Aufstieg zum Sonnblick in Begleitung Erwachsener wurde für uns Buben eine vertraute Angelegenheit. Mit regem Unternehmergeist beschlossen ein Freund und ich eines Tages, alleine auf den Sonnblick zu gehen. Daheim hatten wir ein anderes Unternehmen angekündigt, welches, den Ferien geschuldet, kommentarlos angenommen wurde. Da wir, was Zeiteinteilung anbelangt, bereits ein wenig Erfahrung gesammelt hatten, sahen wir kein Problem, unseren Plan erfolgreich auszuführen. Voller Tatendrang gingen wir los, nahmen am Holzstapel Scheiter mit, und es ging weiter zur Rojacher Hütte. Das Wetter war sommerlich frisch, wie es in den Morgenstunden so ist, und wir stiegen zum Zittelhaus auf. Wir kannten den Weg über den Grat und freuten uns über den Sonnenschein, der mit einer eigenartig diffusen Lichtstreuung von nebelartigen Gebilden begleitet war.

Groß war die Freude, am Gipfel anzukommen, zumal wir uns wie exzellente Bergsteiger fühlten. Um unsere Seriosität zu unterstreichen, richteten wir Grüße von der Großmutter und anderen Familienangehörigen aus. Einer der Wetterwarte stand in einem verwandtschaftlichen Verhältnis zu meinen Großeltern und freute sich über die Grüße. Wir genossen die Jause und bewunderten die Umgebung, die auf mich wie eine neu entdeckte Zauberwelt wirkte. Als wir aufbrechen wollten, hatte ich das Gefühl, einen Fremdkörper im Auge zu haben. Komisch – nicht nur in einem, sondern in beiden Augen. An diesen unangenehmen, rasch zunehmenden Schmerz erinnere ich mich noch genau. Mein Begleiter inspizierte die Augen, konnte außer einer leichten Rötung jedoch nichts Außergewöhnliches feststellen. Sicherheitshalber verständigten wir den Hüttenwirt darüber, der trocken meinte: »Wahrscheinlich wirst du schneeblind.« Mit diesem Begriff konnte ich wenig anfangen, aber das Wort »blind« bewegte mich so sehr, dass ich in Tränen ausbrach. »So gehst mir nit owi«, war der Kommentar darauf. Was nun? Wir hatten gelogen und durften nun nicht einmal alleine hinuntergehen – ein emotional furchtbares Ereignis. Daheim gab

HOHER SONNBLICK, 3106 M
MIT OBSERVATORIUM

es kein Telefon, um unser »Problem« mitteilen zu können. Nach erfolgter Beichte kam die Ansage, wir »Rotzlöffeln« würden ins »Trüherl« unter der Plane gesetzt und – die Windverhältnisse ließen es zu – »owilassen«. Scham und Angst waren eine schreckliche Mischung der Gefühle, und dennoch war es wohl die einzige Lösung, uns zu helfen. Später wurde mir erst bewusst, dass ja noch Tourengeher am Sonnblick waren, aber denen wollten die Helfer wohl keine Bürde aufladen. Nachdem wir verpackt waren, setzte sich das Gefährt in Bewegung, ein fürchterliches Gefühl von Verzagtheit und schlechtem Gewissen, wenn solche Lügner transportiert werden. Die Fahrt bis ins Tal schien eine Ewigkeit zu dauern. Dort befreite uns dann der Wirt vom Ammererhof, Herr Mühlthaler, aus der »Verpackung«, und wir standen betroffen und ich mit brennenden und rinnenden Augen da. Frau Mühlthaler, eine resolute Person wie meine Großmutter, hielt uns eine ordentliche Predigt, und wir wurden ganz klein. Unmittelbar darauf beförderte sie uns mit einer guten Mahlzeit ins normale Leben zurück. Wie die weitere Verständigung zu unseren Angehörigen erfolgte, kann ich nicht mehr rekonstruieren, wir durften jedoch im Ammererhof übernachten. Meine Augen brannten fürchterlich und wurden mit kühlen Tüchern, in welche Topfen eingewickelt war, behandelt. Das Brennen, als ob die Augenlider voller Sand wären, und den Topfengeruch habe ich bis heute nicht vergessen.

Am folgenden Tag fuhren wir mit dem Postauto nach Wörth beziehungsweise ich nach Rauris. Der Fahrer war Herr Haller, den ich in guter Erinnerung habe. Oft fuhr ich mit ihm von Rauris nach Kolm Saigurn, weil ich dort als »Türlaufmacher« bei den vielen Weidetoren ein fleißiger Helfer war.

Die Lehre aus der ganzen Malaise war für mich eine ganz klare und für mein bisheriges Leben gültige: Sag immer, wohin dich eine Tour führt, wie lange du vorhast, unterwegs zu sein. So ist der Sonnblick für mich immer ein Freund geblieben, besonders aber ein Lehrmeister, wie ich mich ordentlich zu verhalten habe. Immer noch ist er ein Berg, der viele Emotionen, auch noch aus anderen Begegnungen, in mir auslöst. Und nicht zuletzt ist die Wetterstation ein spannender Hotspot der Wissenschaft, und ich verfolge mit Begeisterung vorhandene Publikationen.

EIN TAL ALS ZWEITES WOHNZIMMER

Auch als die Aufenthalte in Rauris dann selten wurden – in den Ferien hatte ich immer Aufgaben, um etwas Taschengeld zu generieren –, war mein Bewegungsdrang beziehungsweise meine Wandersehnsucht unvermindert vorhanden. So wurde das Unter- und Obertal bei Schladming zum Ausgangspunkt meiner landschaftlichen Eroberungen. Schon als Volksschüler hatten mich Bekannte manchmal zu Almen in dieser Gegend mitgenommen. Jedes Mal fühlte sich wie eine »Expedition in geheimnisvolle Regionen« an. War doch im Rahmen der Heimatkunde von Silberbergwerken und Bergknappen die Rede. In meiner Fantasie wurde hier so manches höchst lebendig und ich hoffte tatsächlich, diesen geheimnisvollen Wesen einmal zu begegnen.

In meiner Volksschulzeit waren die Tage des Almabtriebes aus den Tauerntälern stets ein hoch spannendes und feierliches Geschehen. Die geschmückten Tiere und deren Begleiter hatten etwas besonders Festliches an sich und die Glocken der heimkehrenden Tiere klangen geradezu gespenstisch. Sogar die Schreie, das Muhen der Kühe, hatten für mich einen nahezu mystischen Klang. Von der Sennerin oder jemand anderem aus der Bauernfamilie wurden oft noch auf der Alm gefertigte Bäckereien verteilt. Das waren Genüsse. Noch heute löst das Läuten von Leittieren auf der Alm bei mir ein dionysisch-archaisches Empfinden aus.

Heutzutage sind manche Almen leider gar nicht mehr bewirtschaftet oder haben, der heutigen Struktur und wirtschaftlichen Einstellung folgend, nur mehr Gastbetrieb. Für das Einkommen der Bauern ist das gewiss notwendig, und ich achte auch diese Form der Bewirtschaftung, obwohl es mich betroffen macht, wenn Butter, Käse und Fleischwaren aus dem Großmarkt abgeholt werden. Lediglich für wenige Hütten wird noch Milch verarbeitet, Butter und Käse selbst hergestellt und das am Bauernhof gebackene Brot zur Alm gebracht. Hier kann dann wirklich Bodenständiges genossen werden. Zeiten und Angebote ändern sich, Wege sind ausgebaut, die technischen Möglichkeiten und der Zeitgeist sind heute andere, und dies muss auch angenommen werden. Bei einer Alm zukehren zu dürfen, zur Regeneration Buttermilch mit Preiselbeeren zu trinken und ein herrliches Butterbrot mit Käse zu genießen, erweckt in mir immer noch das altbekannte »Paradiesgefühl«.

Als Zehnjähriger war ich ganz stolz, Mitglied beim Alpenverein zu werden, und fühlte mich besonders privilegiert, dort bei passender Gelegenheit mitgehen zu dürfen. Die allerersten größeren Touren durften wir als Ministranten damals mit Pfarrer Weiss machen. Heute noch wundere ich mich, wenn ich auf den Hochgolling gehe, wie er es zustande brachte, mit drei oder vier seiner »Knechte« solche Bergwanderungen zu unternehmen. Übernachten auf der Gollinghütte, am nächsten Tag auf den Gipfel und zurück – diese Augenblicke kann ich heute noch wunderbar nachempfinden. Zwei von unserer Gruppe wurden später exzellente Bergsteiger und auch Bergführer. Mit Hans habe ich zur Gymnasialzeit so manche Kletterübung unternommen, bei welchen wir die Kapazitäten unserer Schutzengel ordentlich ausreizten. Daheim waren diese Unternehmungen glücklicherweise nicht bekannt. Wenn ich meine Gedanken als Jugendlicher und nun im fortgeschrittenen Alter sammle und meine Freude darüber berichte, erlebe ich die Tauernregion als eigenständigen Lebensraum von mir, ein zweites Wohnzimmer. In gewisser Weise erinnert mich das an Karl-Markus Gauß und sein Buch *Abenteuerliche Reise durch mein Zimmer*.

ZUFALLSWEGE

Am Anfang meiner Studienzeit in Innsbruck lernte ich durch den Kauf eines Fotoapparates einen Menschen kennen, der in Mandling Loden erzeugt und im Lungau – damals noch gemeinsam mit seinen Eltern – ein Jagdrevier besitzt. Sozusagen hinter den Bergen, die mein »Wohnzimmer« begrenzen. Es war mir eine große Freude, als Willi mich erstmals einlud, in den Lungau mitzufahren und ich bei einer Pirsch – ich könnte jede Sekunde davon beschreiben – mitgehen durfte.

Zur Zeit meiner Ausbildung als Turnusarzt wollte ich nach einem zweitägigen Dienst von der Schladminger Seite über die Ursprungalm, den Giglachsee und den Znachsattel in den Lungau zur Jagdhütte meines Freundes gehen. Es war die Zeit um Sonnwende, zu der erfahrungsgemäß der prächtige Almrausch blüht. Es war ein relativ schwüler Sommertag, und ich war müde von meinem Dienst. So beschloss ich, an einer angenehmen Stelle zu rasten und ein wenig zu schlafen. Dieses Vorhaben wurde anfangs von einer Partie unangenehmer Stechmücken verhindert, die ich durch den Genuss einer Pfeife vertreiben konnte. Nach ordentlichem »Räuchern« kehrte Ruhe ein und ich versank in einen wunderbaren und erholsamen Schlaf. Plötzlich schreckte mich ein heftiger Knall auf. Dass ein Gewitter aufgezogen war, hatte ich weder erwartet noch bemerkt. Bald goss es ordentlich, sodass ich mich bis auf die Unterhose auszog und den Rucksack mit meinem Wetterfleck bedeckte, um die Kleidung darin zu schützen. Als der Regenguss vorbei war, zog ich mich vor der letzten Kurve zur Ignaz-Mattis-Hütte wieder an. Dort traf ich dann liebe Freunde aus der Hauptschulzeit und übernachtete auf der Hütte.

Der nächste Morgen war voller Sonnenschein, der Almrausch blühte, die Landschaft war in paradiesisches Licht getaucht, und ich spazierte nach einem Abstecher zur Lungauer Kalkspitze das Znachtal zur Jagdhütte meines Freundes. Dort war ich gerne willkommen – wie auch jetzt noch bei seiner Frau und ihm, möchte ich betonen – und war glücklich und zufrieden.

Das Studium musste ich mir selbst verdienen. In Innsbruck arbeitete ich in einem Hotel beziehungsweise in Natters in der damaligen Lungenheilanstalt. Ferientage waren selten, freie Wochenenden ebenso. So manches Mal gab es ein emotionales Tief. Immer, wenn ich freihatte und heimfahren konnte, besuchte ich meine Mutter – der Vater war verunglückt – und war bald schon irgendwo in den Tauern unterwegs. Das Schönste an solchen freien Wochenenden war, wenn Willi mich abholte und mich mit in sein Revier, mein geheimes Paradies der Rekreation, mitnahm. Danach kehrte ich stets wieder voller Elan nach Innsbruck zurück.

Eine zweite amüsante Schlafgeschichte trug sich bei einem meiner geliebten Übergänge vom Radstädter Tauern über den Twenger Almsee ins Weißpriachtal zu. Die alpine Flora dort, von den ersten

Frühlingsblumen an bis zu den im Sommer blühenden Herrlichkeiten, könnte ohne Weiteres ein botanisches Lehrbuch füllen.

Nach einem Abstecher auf das Gurpitscheck ging es hinunter in das Schönalmgebiet – und dieser Name kommt nicht von ungefähr. Da ich meine Touren stets ohne Zeitdruck mache, folgte ich dem Gefühl einer gewissen Müdigkeit – eher würde ich es als wohlige Faulheit bezeichnen – und setzte mich etwas abseits des Weges zu einer Rast mit kleiner Jause. Den Platz, den ich wählte, würde ein sensibler Mensch wahrscheinlich als »Kraftplatz« bezeichnen. Im Rucksack hatte ich die *Salzburger Nachrichten* dabei, welche ich nach meiner kleinen Jause zu lesen begann. Es dauerte nicht lange und ich war im goldenen Reich des Orpheus. Der Rucksack neben mir war geöffnet, und ich lag scheinbar wie aufgebahrt auf meinem Wetterfleck. In der Zwischenzeit hatte ein leichter Wind die SN in der Umgebung verteilt. Leicht benommen hörte ich unklare Stimmen und blinzelte. Ich sah, wie drei Personen näherkamen und miteinander sprachen: »Der wird hoffentlich nicht hin sein, das arme Mandl.« Und ich antwortete von meiner Aufbahrungsstätte aus: »Na, no nit!« Nach kurzem Schreck löste sich das Geschehen in Gelächter auf. Die drei konnten erleichtert weitergehen, und mir machte es nichts aus, noch weiterzuleben. Der Gedanke, beim Abstieg auf der Mörtl-Hütte einen herrlichen Kaiserschmarrn zu genießen, beschleunigte nach der Auferstehung meinen Gang.

So könnte ich viele lustige, aber auch traurige Erlebnisse von Mensch und Tier erzählen, die ich im Laufe meiner »Wanderjahre« erlebte. Dass die Zeit nicht stehen bleibt, wird mir jeden Bergsommer aufs Neue bewusst, wenn ich auf mancher Schutzhütte zukehre und die Kinder der Hüttenwirte von einst nun als Bewirtschafter treffe. Auf vielen Almen führen nun die Jungbauern den Betrieb und die Eltern kommen nur mehr gelegentlich vorbei. Diese dann ebenso zu treffen, lässt viele Erinnerungen wieder wach werden. Mir ist bewusst, welcher Segen es ist, in meinem Alter noch durch paradiesische Landschaften wandern zu können und diese genießen zu dürfen. Wenn es im versprochenen himmlischen Paradies auch annähernd so schön ist wie hier in den Tauern, dann sind die Aussichten nicht schlecht.